独裁の宴《うたげ》

世界の歪みを読み解く

手嶋龍一
外交ジャーナリスト・作家

佐藤 優
作家・元外務省
主任分析官

607
中公新書ラクレ

まえがき

「アメリカは、深い河を渡りはじめようとしているのか――。北の独裁国家が核実験を行ったのを機に、超大国は中東と東アジアで二正面作戦に向けて動くのか」

超大国の政治統帥部たるホワイトハウス、さらには、「海洋強国」を目指す中南海、そして「現代のツァー」が率いるクレムリン。それぞれが、北の独裁国家にどう向き合っていくのか。これら列強の意図を精緻に分析して、近未来に生起する変事を予測する。それが我々に課せられた責務だと心得ている。将来を予測する能力こそ、国際政局を読み解く「インテリジェンス」の要諦だからだ。

佐藤優さんと編んだ対論の「あとがき」で、冒頭の命題に次のような結論を記した。

「アメリカはふたつの戦域を隔てる深い河に近づく素振りも見せなかった。それほどに中東の戦いで深手を負っているのだろう。朝鮮半島で新たな力の行使に追い込まれるような局面には陥るまいと決意しているかに見える。それを裏書きするように、核実験を受けて採択された安保理決議には弱い措置しか盛り込んでいない。船舶検査が発端となって、臨検がやがて海上封鎖に発展してしまい、武力で衝突することがないよう幾重にも歯止めが施されている」

確かに、北朝鮮の六度目の核実験を受けた安保理決議は、水爆級の規模にもかかわらず、「旗国の同意のもと、国連加盟国は船舶の臨検を行うことができる」と定め、極めて実効性の乏しい内容になっている。北朝鮮籍の艦船が水素爆弾を密か積んで南太平洋の無人島に持ち込んで核実験をすることが予見されても、米艦艇は怪しい船に立ち入って「臨検」できない。北の独裁者が立ち入りに同意することなどありえないからだ。

この「あとがき」は、誰が読んでも、現下の核・ミサイル危機を論じたものだと思うだろう。じつは一一年も前に、私が佐藤優さんと初めて試みた対論なのである。朝鮮半島の情勢は、一一年前から現在と少しも変らぬ危局を呈していた。だが超大国アメリカは、北の核・ミサイルに手を拱《こまね》いてまったく無策だったことがよく分かるはずだ。朝鮮半島の現状は膠着状態にあるが、今後五年にわたって東アジアが波静かなままなのか

――。我々の触覚は「不気味なシグナル」を捉え始めている。かかる凶事の微《かす》かな足音が各国の政治指導者を独裁に駆り立ててはいまいか。迅速な意思決定は、デモクラシーと根底でぶつかり合う――これが我々の問題意識だ。

佐藤優さんとは、この十年余り、「対論」「共著」と五冊を世に問うてきた。冒頭に掲げた「あとがき」は「幻冬舎新書」創刊の第一弾に収められ、現在も版を重ねている。書店にはいま、夥《おびただ》しい数の「対談本」「対論本」が並んでいる。だが、当時の出版界では、「対論」という手法は異端であり、しかも相手が五一二日を獄中で過ごした人物とあって、老舗の出版社は揃《そろ》って尻込みした。加えて、タイトルが「インテリジェンス」では、剛腕の編集者も悲鳴をあげた。だが翻訳不能なこの言葉をタイトルにした本もいま市場に溢《あふ》れている。

獄中から彗星のように現れた佐藤優さんは、凄《すさ》まじいばかりの知的エネルギーを秘めていた。常《つね》の外交官、獄中体験者、情報分析官なら、自らの体験を語り尽くせば、たちまち痩せ細っていく。だが「佐藤ラスプーチン」は日々進化を遂げていった。膨大で雑多な情報の海から事態の本質を紡ぎ出す業こそ「インテリジェンス」の意なのだが、その手並みは練達の寿司職人を思わせる。二十一世紀のいま、忍び寄る「独裁」の足音を聞き分け、読者に警告を発している。そんな「インテリジェンス感覚」をいかにすれば磨くことができるのか、ラスプーチン流の手法を本書から存分に身につけていただきたいと思う。

情報の世界では、稀《まれ》に度肝を抜くような極秘情報に接することがある。北の独裁者の傍らに忍ばせていた情報源から「金正恩の意図」が打電されてくるといったケースだ。政権の中枢にいる外交官や分析官は、そうした宝石にも似た情報に触れることができる。だが極秘情報には、しばしば危険な罠《わな》が仕掛けられている。フェイク・ニュースは諜報の世界にこそ溢れているからだ。

それゆえ、インテリジェンスの世界では、「オシント」と称される公開情報こそ貴重なのである。膨大な公開情報を独自の視点から読み解き、日々蓄積に努める。佐藤優という孤高の情報分析官は、外務省を去った後も、こうした営為をひとり続けてきた。「ビッグデータ」は今日、大変なブームなのだが、膨大なデータを貯め込むことに価値があるわけではない。夥しい一般情報つまりインフォメーションの海から、光り輝く原石を見つけ出し、彫琢し抜いてこそ、初めて価値あるインテリジェンスとなる。そのためには、揺らぐことのない独自の視点が必要となる。日々の暮らしのなかでも、インテリジェンスの技は身に着けることができるはずだ、本書がその手助けになることを願ってやまない。

二〇一七年十一月十九日、朝鮮半島を望む玄界灘にて

手嶋龍一

目次

第2章 米朝が〝結ぶ〟これだけの理由 47

第5章　気がつけば「独裁化」が進む世界　117

第6章　衰弱化した政権党が主導する「改憲」に勝算はあるのか……147

構成／南山武志
本文ＤＴＰ／市川真樹子

独裁の宴《うたげ》　世界の歪みを読み解く

第1章
「北の脅威」を検証する

予言の書、『ウルトラ・ダラー』

佐藤　今回、久しぶりに手嶋さんと行う長時間の対論のメインテーマは、「アメリカと北朝鮮」です。本論に入る前に、手嶋龍一著『ウルトラ・ダラー』について、ひとこと触れておきたいと思うのですが。

手嶋　どうぞ、存分に俎上に載せてください（笑）。

佐藤　自国の秘密工場で刷った偽札でウクライナから長距離ミサイルや巡航ミサイルを買い、同時に大量の偽一〇〇ドル紙幣を流通させてアメリカ経済の中枢に痛打を浴びせる、という北朝鮮の企てを軸に展開するインテリジェンス小説が世に出たのは、二〇〇六年でした。このベストセラーには、悪事を名指しされた北朝鮮が、同国系のウェブサイトでわざわざ否定する「メッセージ」を発信するなど敏感に反応しただけでなく、欧米でもその内容に触発された記事を掲載するメディアが現れました。そうした事実も踏まえて、私は文庫版の解説で、同書を「インテリジェンス小説の古典になった」と評したわけですが、このところの北朝鮮情勢を見るにつけ、その見立てが正しかったことを再認識しています。

世間一般の認識とは別に、北朝鮮はあらゆる手を使って、核開発を密かに、しかし戦略的に進行させていました。その「成果」が、ここにきてついにベールを脱いだわけですが、ミサイル開発に不可欠な「地下坑道」の一端を、手嶋さんは小説の形を借りて「告発」していたわけですね。そんな著者が、いまの北朝鮮をどう見て、何を語るのか。とても重要で興味深い。

手嶋　佐藤さんのような読者は、本当に厄介です。そのご指摘はなかなか面白いところなのですが、ちょっと視点を変えて、なぜあれがフィクションとして書かれているのかという点を、読者の方に説明させてください。それは「情報源、そう、ニュースソースを守り抜く」というその一点に著者の狙いがあったのです。佐藤さんの問いかけにうかつに応じていると、物語の意匠が台無しになってしまいそうです。あな恐ろしや（笑）。

主人公がモスクワの北朝鮮大使館の様子をうかがうシーンがあるのですが、佐藤さんとお目にかかった時に、「手嶋さん、実際に北朝鮮大使館の背後のポイントから見ていましたね」と指摘されました。小説のなかでも明示していますから、「ええ、見ていました」と。ところが、尋問官としての佐藤優は、それで矛を収めるような甘い人ではない。「もう一箇所の、第一級の監視ポイントに足を運んだのか?」と暗に探りを入れてきたわけです。ご本人の前ですが、背筋がざわつきました。汗が一筋伝い落ちる感じ、とでも言えばいいでしょうか。情報のプロフェッショナルの凄《すご》みが伝わってきました。

佐藤　確かに「第一級の監視ポイント」は近くの東欧の大使館にありましたからね。

手嶋　情報源を佐藤さんのようなプロの眼から遮断するため、物語には二重、三重の目くらましが施されています。「第一級の監視ポイント」を秘匿するために、嘘ではないが、差し障りのない場所を描写することもあるのです。情報源の秘匿を絶対の使命とするあの種の物語は、まあ、ことごとくが「二重底」になっているのです。

これも、本心では説明などしたくないのですが(笑)、アメリカのインテリジェンス・コミュニティーの動向も「二重底」の手法が用いられています。北朝鮮への制裁に対して「強硬路線」をとっていたハードライナーと「軟着陸路線」をとっていたソフトライナーがいたのですが、そのハードライナーから僕に重要なインテリジェンスが流れていたはずと読んで、当時から水際まで探りを入れてきていましたね。ぎりぎり、「ラスプーチンの追及」をかわして、情報源への遡及を阻みましたが、こんな情報のプロフェッショナルには『ウルトラ・ダラー』を精読してもらいたくない、そう、つくづく思います（笑）。

北の偽札に関して、少しだけ背景説明をしますと、アメリカ政府内のハードライナーは、アメリカ財務省の系譜につながるインテリジェンス機関です。彼らは、北朝鮮がアメリカの基軸通貨「ドル」を武器に新鋭兵器の調達をしてきた手の内を精緻に知っていた。それだけに、北の独裁国家に対して、かつても、いまも、政権内で最強硬派なのです。彼らは、北への金融制裁を一貫して主張し、とりわけ、朝鮮半島を睨《にら》む瀋陽にある中国銀行を血祭りにあげるべしとアメリカ政府内で主張してきました。マカオの黒い銀行バンコ・デルタ・アジアや中朝国境に近い延辺朝鮮族自治州の銀行など、しょせんは端牌《はじぱい》です。裏を返すと、もともと国務省も国防総省も、そしてホワイトハウスも、北朝鮮の核・ミサイル開発を真剣に阻止する気がなかったわけですね。そうした構図はいまもあまり変わっていない。その果てに、北の独裁国家にアメリカ大陸を射程に収める核・ミサイルを手にさせてしまったのです。

兵器庫ウクライナを告発した

佐藤　二〇一七年七月の北朝鮮の弾道ミサイルの発射を受けて、八月半ば、『ニューヨーク・タイムズ』は、シンクタンクや情報機関の分析に基づき、そのエンジンがウクライナ中部の工場で製造されたものだ、という見方を伝えました。ウクライナ政府は否定していますが、そんな事実を「わが国で製造しました」などと認める国は、世界中探してもないでしょう。

手嶋　ウクライナは旧ソ連邦の穀倉地帯にして最大の兵器庫でした。ソ連からの分離・独立後も航空機・ミサイル産業をそっくり受け継いだのです。ウクライナこそ国際社会の監視が及ばない武器取引の〝ブラック・ホール〟に他なりません。

佐藤　怖ろしいことに、手嶋さんが著書で描いた事態が現実になりつつあります。北は中長距離ミサイルに加えて巡航ミサイルまで手に入れようとしている。そうした密輸ルートが厳然として存在するということです。そういう意味で、『ウルトラ・ダラー』は、ウクライナが核拡散に果たす役割を告発、予言した書でもあるのです。

手嶋　ここには、英米の情報機関の危機意識を物語にそのまま写し取ってあります。ミサイル技術提供の鍵はモスクワにあり――。この見方はあながち的外れではないのですが、武器取引の闇はもっと奥深い「二重底」になっている。ロシアの背後にウクライナの影が見え隠れしています。

佐藤　そういえば金正日体制の末期に、彼はロシアの対外諜報庁（SVR）に正恩の帝王学を依頼して、定期的なブリーフィングが始まっていました。そんなルートが、いまなお生きているのは確かでしょう。ただし、核・ミサイルの話となると、そう簡単にロシアが協力拠点になれるわけではありません。仮にロシアの国家意思が入っているとして、その出所がウラジーミル・プーチン大統領その人なのか、あるいはGRU（ロシア連邦軍参謀本部情報総局）あたりが独自の動きをしているのか。さしものプーチン大統領もGRUを完全に押さえているわけではありませんから。

手嶋　核・ミサイル技術の「受け手」も、直に北朝鮮なのか、それとも中国を介したものなのかは、深い霧に覆われています。それ故各国のインテリジェンス・コミュニティーが息を凝らして今後の成り行きを注視しているのです。

いまは「開戦前夜」なのか

佐藤　さて、北朝鮮は二〇一七年八月二十九日と九月十五日の二回、日本の上空を横切る弾道ミサイルを発射しました。九月三日には、後に現場近くで大規模な地滑りが発生するような地下核実験を行っています。ミサイル発射の際には、Jアラート（全国瞬時警報システム）が鳴り、メディアは「北のミサイルが日本の上を飛んだ」と大騒ぎしましたよね。

確かに、核開発に手を染めたいまの北朝鮮が脅威であることは、論を俟《ま》ちません。ただし、どの程度の、どういう種類の脅威なのかは、明確にしておく必要があると感じます。そのあたりから、話を進めていきましょう。

手嶋　佐藤さんがわざわざそういう問題提起をなさるということは、メディアの報道を含めて、いまの「北の脅威」の捉え方には問題ありとみているわけですね。

佐藤　ええ。そもそも政府の対応が、決定的に間違っていると思うんですよ。はっきり言って、Jアラートで避難を呼びかけるなど、過剰反応だと言わざるをえない。

政府の混乱は、八月二十九日の発射を受けて小野寺五典防衛大臣が行った、北朝鮮の弾道ミサイルが日本の領空を二分間飛翔した——という発言に象徴的に表れています。この小野寺防衛大臣の発言を、新聞各紙は「上空を」としていますし、八月三十日付『朝日新聞』も見出しは「上空」で取っているのですが、同紙ウェブ版の本文中にこうあるんですよ。

「小野寺五典防衛相は、防衛省内で記者団に対し、（中略）『通常の形で打たれた』とした。日本の領空を約2分間飛翔《ひしょう》したが、『我が国に飛来する恐れがない』と判断し、自衛隊法に基づくミサイル破壊措置は実施しなかったと説明した」（二十九日十三時三十七分）

わざわざ、カギカッコからはずしながらも、小野寺大臣の発言として「領空」と残している。言い間違いだった可能性もありますが、僕は、大臣が「領空」と発言したのではないかと疑っている。『朝日新聞』は、そこをあえて字に残してみせたんではないでしょうか。

そうであるとするならば、閣僚が「領土」「領空」「領海」といった言葉を使う時は、慎重の上にも慎重でならなくてはいけないと指摘しておきたい。

ちなみに言えば、領土の基線から一二カイリ（約二二・二キロメートル）と定められている領海では「無害通航権」が与えられていて、たとえ北朝鮮の駆逐艦が日本の領海に入ってきても、アンカーを降ろして停船したりせずただ通り過ぎるだけだったら、手出しはできません。でも、領空は別です。領空に国籍不明機が侵入したら、撃ち落としても国際法上、問題はないのです。空の主権は極めて強いんですね。

ただし、いくら領土の上空であっても、宇宙空間の利用に主権は及びません。ですから、どこまでが領空、領域なのかが問題になるわけですが、国際法には明文規定がないんですよ。そこで宇宙利用の現実に鑑みて、およそ高度一〇〇キロメートルくらいまでが領空とされているのです。

手嶋　僕はJアラートが鳴った時に、軌道の真下の北海道にいたのです。「堅牢な建物に隠れろ」と言われたって、広大な牧場ですから、隠れようがない（笑）。あのミサイルの最高高度は五五〇キロメートルでした。いまのお話に照らしても、まったく領空侵犯には当たらない。小野寺さんは、前任者に較べれば、はるかにしっかりした人物なのですが、なぜ、誤解を招くようなもの云いをしたのでしょうか。

佐藤　これは私の推測ですが、防衛省も外務省も国際法理解の力が弱まった結果、「有事」の際に大臣にあんな発言をさせてしまったのではないでしょうか。諸悪の根源は、二〇〇一年度にキャリアの外交官試験が廃止されたことです。それ以降、まともに国際法を学んでいないキャリアがどんどん入ってきた。

手嶋　外務省の機構改革で「条約局」が「国際法局」になったことで皮肉にも国際法の実力が落ちてしまいました。条約の有権解釈権こそ、そして国際法への理解の深さこそ、戦後日本外交の力の源泉だったはず。国際法という武器を身につけていない外交官がいまや外務省の中堅幹部になっているというのは、恐ろしいことです。

佐藤　考えてみてください。領空侵犯は「開戦前夜」です。防衛大臣がそんなことを言えば、「前代未聞のことが起きた」とメディアも含めてパニックになるのは当たり前。普通ならそこで外務省のブレーキがかかるはずなんですよ。「領空侵犯ではないので、あんまり騒がないほうがいいですよ」と。ところが、その機能がまったく働かないんですね。

手嶋　もし、「領空」発言があったとすれば、本当に困ったことです。わが国の外交力の弱体化を満天の下に曝《さら》け出すだけでなく、関係国を刺激して不測の事態を引き起こしかねません。

北朝鮮は何に違反したのか

佐藤　ちょっと冷静になって、あの北朝鮮のミサイル発射が何に違反しているのかを考えてみることにします。

繰り返しになりますが、領空を超えた宇宙空間を利用することについては、どこの国であろうが、お咎《とが》めなし。ミサイルでもそうかと言われるかもしれませんが、ロケットとミサイルは先についているものの違いで判断されます。実際に爆弾がつくまでは、全部ロケットという扱いにできるんですよ。

もう一つは、もしどこかの海上に落ちるのなら、公海上であっても「ここに落ちるぞ」という危険水域の設定をする必要があります。その情報を、事前に国際的な指定に基づき、周波数や軌道位置を届けなければならないんですね。しかし、結果的に北朝鮮のミサイルに関する日本政府の発表は、「着水したもよう」「落下したもよう」と全部「もよう」がついていますよね。わが国やアメリカのレーダー追尾能力は、そんなものなのでしょうか？

手嶋 いや、そんなことはないはずです。落下したのなら、その水域は正確に特定できるでしょう。

佐藤 仮に最初から五五〇キロメートル上空から降下する際に燃え尽きることを想定した打ち上げならば、いまの危険水域は設定しなくていいんですよ。そうだとすると、北朝鮮には「国際法違反はない」ことになります。自分の国から真上に撃って、宇宙空間に入れて燃やしてしまえば、他国の領空も公海も関係ないのだから。

その場合、唯一違反しているのは、国連安保理決議におけるミサイルとロケットの打ち上げ禁止、その一点だけです。もちろん、それだけでも北朝鮮は十分悪いですよ。でも、「悪事」の本質は、きちんと分析しておく必要があると思うのです。少なくとも、「俺の頭の上を通るのはけしからん」的な議論は、国際法上も実態からしても的外れです。

手嶋 目の前に起こった事態を、冷静に分析するとはどういうことか。そのお手本になる指摘だと思います。

佐藤 あえて付言すると、「北朝鮮がロケットを打ち上げるのは危険だ」と言うのだったら、例えば、一七年七月に堀江貴文さんが打ち上げたロケットはどうでしょう。物見遊山でみんなが打ち上げを見に行って、日本中のメディアは「彼はやっぱりチャレンジャー精神があるな」と言うのだけれど、あれは北海道から打ち上げられたんですよね。領空内で爆発する可能性だってゼロではないのだから、危険性を言うのなら、そちらのほうがより高いのではないですか?

手嶋　その時真下にいたら、Jアラートの時とは違って、一目散に逃げたでしょうね。

佐藤　「北のロケットが日本の頭上を通ることなど、許されない」という人は、いまこの瞬間にも、ロシアや中国をはじめ、日本上空をいろんな国の人工衛星が行き交っていることに、思いを馳《は》せるべきだと思うのです。

手嶋　そうやって検証してみると、ミサイル発射にアラートまで鳴らすという行為が、いかに「やり過ぎ」だったかというのが、ますます一目瞭然になりますね。

佐藤　誤解なきように申し添えておけば、いまのはあくまでも現状分析で、北朝鮮擁護のように取られるのは本意ではありませんよ。国連決議に反している以上、日本政府が北朝鮮に対して強く抗議したのは、当然のことです。

手嶋　いまの佐藤さんの分析を、北の独裁国家を擁護していると受け取る読者はいないはずです。

賞賛すべき気象庁のインテリジェンス

佐藤　北朝鮮による一連の事態に対する対応でもう一つ不思議なのは、九月三日の核実験に関しては、弾道ミサイルに比べるとえらく日本政府の反応が鈍いわけです。

手嶋　規模も過小評価をしましたよね。当初は六〇キロトンから七〇キロトンレベルと評価していたのを、最終的には一六〇キロトンにまで上方修正しました。

佐藤　その点、日本政府のなかで唯一しっかりしていたのが気象庁です。松森敏幸・地震津波監視課長の会見はすごかった。波形の説明をしつつ、自然の地殻変動では生じないこと、さらには今回の核実験のエネルギーは過去五回で最大だった前回と〇九年に比べ、一〇倍に達するレベルだったことを明確に指摘しました。他国の情報に頼ることなく、見事に分析してみせたのです。

手嶋　日本の地震観測技術が、周辺国の地下核実験の有無や規模の正確な測定に応用できる水準にあることも、あらためて示されました。

佐藤　それにしても不思議なのですが、気象庁が前回と〇九年の一〇倍だと言っているのだから、素直に一〇を掛ければいいのに、防衛省はなぜ当初、あんな過小評価をしたのでしょう？　私には、それが解せないのです。七〇キロトンというのは、どう考えても特殊な変数を入れ込まなければ、出てこない数字です。

手嶋　仮に「小さくあってほしい」という希望的観測、「水爆であるはずがない」というような誤った仮説を正当化するために、何かの変数を持ってきたのだとしたら、インテリジェンスの世界では最もやってはいけないことが起こったことになります。

佐藤　あるいは、「気象庁の言うことは当てにならないから」と、わざわざどこか違う国の、例えばアラスカあたりの観測数値をベースにして計算したのか。

手嶋　ところが、あの核実験に関しては、メディアは全部日本の気象庁の発表に追随しましたよね。数値は「正しかった」わけです。

佐藤　これも皮肉なことですが、気象庁は旧日本陸軍のインテリジェンス能力を、気象分野で最も正統的に受け継いでいるんですね。ちなみに松代（長野市）にあるわが国最大級の地震観測施設は、太平洋戦争末期に本土決戦に備えて大本営を移転すべく掘られた地下壕を、そのまま利用しています。

佐藤　気象庁のインテリジェンス能力の高さは、独自技術の賜物です。気象大学校という、合格するには東京大学理科二類くらいのレベルが必要なところで、専門家を養成している。そんな教育施設を持っている価値が十分にあることを、今度の一件でも見事に証明したと思います。

手嶋 日本のインテリジェンス・コミュニティーには、気象庁は普通加えません。僕は参加させるべきだと思うのです。帝国海軍の機動部隊が真珠湾を奇襲するか否か、最後の判断を仰いだのは、気象担当のインテリジェンス・オフィサーでしたから。

佐藤 同感です。いずれにせよ私は、今後さらに北朝鮮の核実験が行われた場合には、気象庁の発表だけを信じることにします。他の情報は、ノイズになる可能性がありますから。

Jアラートで失うもの

手嶋 「日本の政府もメディアも、北朝鮮の挑発に対して過剰反応がすぎる」というのは、単なる我々の主観的な判断ではありません。実際、一七年五月に北朝鮮が新型弾道ミサイルを発射して以降の日本の報道ぶりを見ていると、各国の対応との落差に愕然とするばかりです。
私は一七年五月の上旬にワシントン、九月には中国、韓国、イギリスと回ってきましたが、人々はいたって冷静でした。とりわけ、北の核・ミサイルには、アメリカと韓国は一種の当事国であるはずなのですが、米、韓の国内の雰囲気は、日本とは際立って違っていました。関係国と日本とのギャップがこれほど大きかったことは、近年なかったと思います。この落差はいったいどこから来るのか。我々の頭上を北朝鮮のミサイルが通過したとはいえ、日本の反応だけがこれほど突出していていいのかと考えてしまいました。日本の過剰といえる反応を冷静に検証しておくべきなのですが、メディアは過剰反応の当事者ですから、期待するわけにいきません。

佐藤 一種の耐エントロピー構造が出来上がってしまっているんですね。鉄板に熱を均等に当てているはずなのに、あるところだけ金属の種類が違うために、異常に熱くなっている。

ある意味、いまの日本のメディアの報道は、金日成の誕生日を一面トップで報じる北朝鮮のそれとそっくりです。世界で日本の情報空間だけが、北のミサイルで一面を飾れるのですから。世界と隔絶された閉ざされた場所になっているのですが、国内にいるとみんなそのおかしさに気づかない。

手嶋　なかでも影響力が大きかったのが、さきほどから話に出ているＪアラートでしょう。Ｊアラートこそ「天の声」。ひとたびこれが発令されると、テレビの編成も紙面の構成も、全部「飛んで」しまうのです。

佐藤　Ｊアラートは、「いま、北朝鮮が日本のどこそこの方角に向かってミサイルを撃ちました」と知らせて注意喚起するのが目的ですが、マイナス面にも目を向ける必要があると思うのです。

一つは、生産活動が滞ったり鉄道がストップしたりすることによる経済的損失です。一七年八月、九月のミサイル発射の際には、北海道から長野県まで一二道県という広範囲で鳴りましたから、影響は小さくなかったはず。教育への影響という問題もあります。授業が滞れば、教育が遅れ、学習時間が削られることにもなるのですから。そうした金額や時間で定量化できるマイナス面について、きちんと検証するのもメディアの役割のはずですが、それがまったくありません。

「定量化」できない、心理的な圧迫という問題も、もちろん生じるでしょう。突然、アラーム音や「北朝鮮のミサイルが……」などという警告のアナウンスを聞かされたら、誰でも追い詰められた気持ちになりますよ。

手嶋　さらに重要な問題があります。Ｊアラートを広範に鳴らして住民に避難まで促すのは、まさしく北朝鮮の術策に嵌《はま》ることになってしまう、という事実です。

佐藤　まったくその通り。これはインテリジェンスの世界で、特に中東、イスラエルあたりに触れた人間ならば分かるのですけど、陽動作戦の肝は「心理戦」「経済戦」にあり、なのです。構図を見れば、おっしゃるように、まんまとそういう敵の術中に嵌っている。

「北のミサイル実験に日本が震えあがっている」という印象は、彼らを利するだけです。国際的にもマイナスのメッセージしか発信しないでしょう。まさに国益を損ねる行為だと、私は思うのですが。

政権にとって〝頼みの綱〟、「北の脅威」

手嶋　じつは「分かって」いる人たちもいるのです。日本のＮＳＣ（国家安全保障会議）チームは、毎回のようにＪアラートを発動することに批判的です。創設以来、国際的なインテリジェンス・コミュニティーや安全保障関係者からの評価が比較的高いのも頷《うなず》けます。結果的に、彼らと総理周辺の温度差は、埋めがたいほど大きなものになっています。

佐藤 確かにそれを感じます。

手嶋 でも、日本版ＮＳＣというのは、もともと〇六年、第一次安倍内閣の時に、安倍晋三総理が創設の旗振り役を務めたのですが、道半ばで辞任したため、発足は第二次安倍内閣の誕生を待たなければなりませんでした。いまや、日本の外交・安全保障の司令塔を担っている組織なのですが、北の核・ミサイル危機に際して、総理官邸と対応にズレが生じているとすれば、重大な事態と言わざるをえません。

国際的な危機を国内政局に利用してはならない――。これは日本に限らず、国際社会の共通の嗜《たしな》みです。残念ながら、安倍政権に「北朝鮮の政治利用」という意図が働いたのは事実だと思います。一七年五月十四日のミサイル発射の際、官房長官も総理も、異例の速さでテレビカメラの前に登場し、北朝鮮を非難しました。北に発射の動きあり。前の日から風呂に入って、「その時」を待っていたのでしょう。

北朝鮮がミサイル発射や核実験を繰り返した一七年の半ばから秋にかけて、安倍政権は森友学園、加計学園問題で大揺れでした。他にも様々な議員の不祥事も相まって、内閣支持率は危険水域と言われる三〇％を割り込み、七月の東京都議選で、自民党は歴史的な敗北を喫してしまいました。その状況下、政権の唯一の〝頼みの綱〟が「北の脅威」であったことは、否定のしようがない。秋の突然の解散・総選挙でも、安倍政権は「国難突破」を大義名分に掲げ、北朝鮮危機への備えを担えるのは自民党政権だと訴えて勝利を手にしました。

佐藤　そう、「この国を、守り抜く。」と、キャンペーンを張りました。

手嶋　北朝鮮の不当な行動に対して、国として厳正な対応を取るのは当然のことです。しかし、論じてきたような過剰反応によって脅威を必要以上に強調し、自らの抱える問題から国民の目を逸《そ》らそうというのなら、それはやっぱり政治の常道を外れてしまいます。国家の安全保障を材料に国内政局を操作することは、やはり禁じ手と言わざるをえません。

佐藤　明らかにそういう構造になっています。

では、対外的にはどうかというと、安倍総理は国連で、「必要なのは対話ではなく圧力だ」と演説したり、あるいは「北朝鮮に対して最高水準の抗議を行った」と述べたりしています。国際舞台で北朝鮮批判を強調したい気持ちは、分からないでもないのですけど、「最高」という表現は、一度だけ使うから意味がある。仮にこれからさらに北朝鮮が行動をエスカレートさせたら、どうするのか。それに合わせて、「最高」のレベルを上げる、ということなのでしょうか。このあたりにも、冷静さを欠いた官邸の姿が透けて見えるわけですよ。

手嶋 国際舞台だからこそ、より慎重に言葉を選ばないといけない。

佐藤 もっと露骨だったのは、国連総会のために渡米していた河野太郎外相が、九月二十一日にコロンビア大学で講演して、「北朝鮮と国交のある一六〇以上の国々は、断交すべきだ」と発言したことです。このニュースを伝えた『朝日新聞』デジタルは、「米国留学時に比較政治学を専攻した河野氏らしく」英語で講演した、などと持ち上げたのですが、とんでもない。

どんな国でも、主権を持っています。他国に対して、「どの国と外交関係を持て、持つな」などと指図することが許されないのは、国際法のイロハの話です。それにしても、あの発言で、「それもそうだなあ」と思う国があるかもしれないと、本気で考えでもしたのでしょうか。残念ながら、「なんてエキセントリックな、異常な人物なのだ」と思われて終わりです。

手嶋　私は、一七年の九月にロンドンのチャタムハウス（王立国際問題研究所）で行われた三日間のカンファレンスに出ました。じつはその場で、イギリスの東アジア政治の専門家が、一連の日本側の対応を批判していました。

チャタムハウスの東アジア・プログラムの中心メンバーは、ジョン・スウェンソン・ライトさん。ケンブリッジ大学で北朝鮮問題を教えているシニア・レクチャラーです。かつては、北朝鮮の若手外交官の教育プログラムも担当していました。彼は沖縄返還交渉の際に、時の総理・佐藤栄作の「密使」を務めた若泉敬さんの『他策ナカリシヲ信ゼムト欲ス』の翻訳者でもあります。もう四半世紀に及ぶ友人なのですが、北朝鮮と国交がないアメリカに代わって、同盟国のイギリスが平壌に大使館を持っていることの意義を改めて強調していました。アメリカと貴重なインテリジェンスを共有するいわゆる『5－Eyes（ファイブアイズ）』のなかで、その中核を占めるイギリスが北朝鮮国内に触覚を持っている大切さをイギリスの専門家は痛いほど分かっているのでしょう。

佐藤　なるほど。

手嶋　5－Eyesというのは、「UKUSA協定」というインテリジェンスに関する取り決めを結んでいるイギリス、アメリカ、カナダ、オーストラリア、ニュージーランドの五ヵ国を指します。それを構成する国が平壌に代表部を持っている。それが、「西側陣営」にとって最後の拠り所になる、機密情報の担保にもなる。インテリジェンスの足腰を鍛え、強くする。河野発言は、そういう役割を否定するものと取られても、仕方がありません。

佐藤 インテリジェンスの側面からすると、まさにそういうことになりますよね。
もう一つ気になるのは、「制裁の『抜け穴』を塞ぐべく、東南アジアや中東、アフリカ諸国との協力を強化しなければならない」と述べたことです。『朝日』の記事によると、これらの地域には「北朝鮮の労働者を受け入れたり交易したりしている現状」があると、非難したというんですね。つまり、さっきの「断交すべき」という発言は、主としてこうした国々のことを念頭に置いて行った可能性がある。

手嶋 確かにそういうニュアンスが感じとれます。

佐藤 旧宗主国によって植民地化されていた諸国の人たちに対して、国家主権に触る問題に関して大国、日本だって彼らから見れば大国ですからね、そんな国が上から目線で指図するというのは、スタイルとして非常に良くないのです。河野発言は、もろに宗主国的、帝国主義的な対応に映ります。

手嶋　言われたほうは、そのように受け取る可能性が大いにあるでしょう。

佐藤　だから、せいぜい「北朝鮮と外交関係を持っていることが、いかに大きなマイナスを国際関係、世界平和に与えるのか、深刻に受け止めてほしいと思います」と、そこまででとどめるべきだったのです。

平壌―京都は一〇〇〇キロメートル

手嶋　国際社会にあって、日本は突出して「北朝鮮の脅威」が強調されている。そうした事実、ひいてはそれが、国内政局の運営や総選挙の武器に利用されてはいないか。麻生太郎副総理が、自民党が総選挙に勝てたのは「北朝鮮のおかげ」と発言したのは、それを裏付けるものでした。野党側は麻生発言を「失言だ」と追及しましたが、政権側の本音をつい正直に漏らしてしまっただけで、失言などではありません。そうした視点から、我々は「冷静な対応を」と指摘しているのです。誤解のないように申し上げておきますが、だからといって「北朝鮮の脅威は取るに足らない」などと言っているのではありません。

佐藤　もちろんです。彼らが極めて危険な存在であることは、言うまでもありません。ある意味、「物心」両面で危険です。

手嶋　「物心」両面ですか。北の独裁者の「心」の襞《ひだ》に分け入って、ラスプーチン流の分析を聞かせてください。

佐藤　精神のほうからいくと、私はこの間、北朝鮮の内在的論理を想像するうえで格好の教材を見つけたんですよ。一九四四年、すなわち太平洋戦争末期に製作された、最後の国策映画『かくて神風は吹く』です。原作は、菊池寛。

　ここでは、サイパンが対馬にアレンジされているのですが、要するにサイパン陥落で終わりではない。ギリギリまで頑張れば、必ず神風が吹く。日本はいままで元寇と日露戦争という二度の国難に見舞われながら、救われたではないか。三回目の大東亜戦争も、最後には必ず勝利するのだ――という中身です。

　ラストで、片岡千恵蔵扮する北条時宗が、大演説するんですね。

「……万民ことごとくが力を合わせ　大君のため御国のために立ち上がるならば　必ずや皇祖神霊の御加護あり　第二第三の国難　日本国を襲おうとも　なにを恐るることや

あらん！」

で、「人毎に力の限りをつくしてぞ　後にこそ吹かめ　伊勢の神風」で幕です。

手嶋　朝鮮半島を海峡を挟んで、わずか五〇キロ足らずの彼方に望む対馬が舞台というのも、何やら示唆的ですね。あの菊池寛がそんな映画をつくっていたんですか。

佐藤　当時、大映の社長でしたからね。

私は、これを同志社大学神学部の授業でも使ったのですけど、いまの金正恩の精神状態を推し量るのに、これ以上の材料はないと思う。要するに、朝鮮戦争の「勝利」を思い出せ。最後の最後まで諦めずに戦い抜けば、何かが起こるぞ——ということです。

手嶋　こうして片岡千恵蔵扮する北条時宗を見ていると、なにやら、あの朝鮮中央テレビに登場して獅子吼する女性のアナウンサーの口吻そっくりですね。

佐藤　幸か不幸か、我々日本人には、意外と金正恩の心理が理解しやすいんじゃないかと感じるんですよ。

手嶋　それだけに、国民を鼓舞して乗せられてしまう危険性も分かってしまう。では、一方の「物」のほうの危険はどこにありと考えますか。

佐藤　これは後段でもじっくり論じたいと思いますけど、いま対北朝鮮で日本に求められているのは、地政学、特に「地理」の重要性を、もう一度しっかりと認識することだと思うんですよ。何が言いたいのかというと、両者の物理的な距離がどうなのか、ということです。平壌と襟裳岬が何キロメートル離れているか、分かりますか？ わずか一五〇〇キロメートルです。

手嶋 意外に近いなあと感じます。

佐藤 この前京都で講演した時にちょっと脅したのですけど、平壌―京都は、一〇〇〇キロメートルです。京都を攻撃するのだったら、私が金正恩なら核は使いません。清水寺や金閣寺が炎上しているところを想像してみてください。日本人にとてつもないダメージを与えるとともに、それが全世界に配信されるわけです。

手嶋 イスラム過激派の組織も、世界遺産に登録されている仏像を破壊して、国際的な非難を浴びましたが、彼らは一神教を奉じる宗教的な信念を振りかざし、耳を傾けようとしませんでした。「歴史的建造物だから狙わないように」という論理は、独裁者に率いられた北朝鮮にも通用しないでしょう。

佐藤 そう。そういうシンボリックなものを標的にするということは、十分あり得る話なのです。

北朝鮮と日本は、想像以上に近い。にもかかわらず、外交的な対応も含めて、日本の守りは脆弱と言わざるをえないのが現実です。

手嶋 そこに「脅威」を認識して、必要な手立てを打つ必要があるのは当然のことですね。ただし、それはいま眼の前に繰り広げられている事象をことさらにデフォルメして騒ぐこととは違います。不幸な事態を招かないためには、透徹した対北朝鮮政策がいまこそ求められていると思います。

第2章

米朝が〝結ぶ〟これだけの理由

アメリカの先制攻撃はあるのか

手嶋　「北のミサイルに過剰反応している日本に比べ、アメリカと韓国は冷静だった」と現地の空気をお話ししました。日本のメディアが流す情報に日々触れている読者の方々は「本当ですか」と思われるかもしれませんね。

佐藤　トランプ大統領を筆頭に、アメリカは北朝鮮に対して怒り心頭。いつ先制攻撃に打って出てもおかしくない、といった論調ですから。

手嶋　そうした報道と、実際に私が現地で感じたものとの間に、いかに大きなギャップがあったのか。当時のアメリカの当局者のリアルな状況を具体的に紹介してみたいと思います。

私がワシントンに滞在していた二〇一七年五月は、時あたかも朝鮮半島沖に、空母カールビンソンとロナルド・レーガンの二隻が展開されつつありました。

佐藤　インド洋にいたカールビンソンが、ゆっくり北上してきたんですね。

手嶋　日本のメディアは、いよいよ北朝鮮への空爆があるかもしれない、と盛んに報じていたでしょう。ちょうどその時期、僕はトランプ政権の内情に通じた共和党や当局者と会って意見を交わしていました。すると彼らの反応は、申し合わせたように同じで驚きました。皆、席に着くや否や、まだコーヒーも出てこないうちに、「日本では、いますぐにも米朝の戦争が始まるような報道があると聞いているが、いったいどうなっているんだ」と言うのです。

「そもそも日本の報道では、アメリカ政府が北朝鮮に対して武力行使に踏み切る〝レッドライン〟を設定していることになっているらしいがそれは何のことだ」と一様に指摘するのです。「我々は、公式にそんなものを設定していないし、大統領も公に言及したことはないはずだ」と釈明しきりなのです。〝レッドライン〟とは、北朝鮮が六度目の核実験に踏み切るか、ＩＣＢＭ（大陸間弾道ミサイル）発射実験のボタンを押せば、それが超えてはならない一線、すなわちレッドラインを超えることになる、というものでした。

佐藤　結果的には、核実験もＩＣＢＭもレッドラインにはなりませんでした。

手嶋　その通りです。ただし、アメリカ側が「レッドラインを口にしたことがない」というのは、明らかに事実に反します。トランプ政権の発足後、政権の当局者は、暗にそうした〝レッドライン〟をほのめかし、メディアを通じて北朝鮮を牽制していたことは紛れもない事実なのです。しかし、そうした〝レッドライン〟が、北朝鮮の新たな挑発を抑止する役割を果たさず、どうやら北は核実験やＩＣＢＭの発射実験に踏み切る可能性が高まったと見るや、あわてて〝レッドライン〟を後退させたのです。トランプ政権の要路にある軍人出身のプレーヤーたちは、北の核実験やミサイル発射実験でアメリカが武力発動させられてはたまらない、と判断したのでしょう。〝レッドライン〟では、北の核とミサイルの実験を抑止できないと見るや否や、それを早々に取り下げてしまったのです。アメリカとしては、朝鮮半島で望んでもいない、準備もできていない戦争に巻き込まれてしまう愚は避けなければなりませんから。

佐藤　そこは、冷静に相手の出方を見て、柔軟にメッセージのトーンを変えたと言えなくもないですね。一連のやり方が、一〇〇％正しいものだったかどうかは、別にして。

手嶋　いずれにせよ、アメリカには、二〇一七年の五月の段階では、伝家の宝刀に手をかけて先制攻撃に出るつもりなどさらさらなかったということです。幾人もの政権関係者と膝を交えて話をしてみて、アメリカの当局者の本音を再認識しました。

北朝鮮の強さ、アメリカの弱点

佐藤　現状の局面で色濃く現れているのは、「北の強さとアメリカの弱さ」のような気がします。

北朝鮮の強さは、すなわち「思想の強さ」です。アメリカにしろ我々にしろ、個人主義、生命至上主義、合理主義という、三つの原理を行動の基準にします。北朝鮮だって、彼らなりに合理的ではあるんですね。ところが、生命至上主義と個人主義の原理は働かない。特に、生命至上主義をルールから外せるというのは、ゲームを運ぶうえで、ものすごく大きなアドバンテージになりますよね。取るべき選択肢の幅が、ぐっと広がるわけだから。

手嶋　大規模核実験が誘発した土砂崩れで、多数の自国民が犠牲になっても、勝つためには、まあ仕方がないと。

佐藤　それに対して、皮肉なことに、この事態に際してのアメリカの最大の弱点は、生命至上主義、アメリカ型民主主義なのです。例えばいま、韓国の大使館・総領事館に登録しているアメリカ人が一〇万人います。

手嶋　実際には、韓国内には二〇万人近いアメリカ人がいると言われています。

佐藤　その人たちのなかには、そこにビジネスの拠点を持っていたり、結婚して家庭を築いていたりする人間もいる。北朝鮮を攻撃したら、当然、まず同盟国たる韓国が報復の対象になるでしょう。さすがの米軍も、一撃で北朝鮮の反撃能力を奪うのは難しい。だとすると、爆撃の前に、そこにいるアメリカの民間人を安全な場所に避難させなければなりません。その人たちを逃がすのに、いったい何日かかるのでしょうか？　リスクを取って、留まるアメリカ人もいるはずです。もし戦争になって民間人が数百人のオーダーで死んだら、いまのアメリカだったら、政権は間違いなく吹っ飛ぶでしょう。

手嶋　おっしゃる通りです。民主主義国の政治指導者にとって、自国民に大量の犠牲者が出ることは致命傷です。

佐藤　あえて申し上げておくと、「朝鮮半島が戦場になれば、かつての朝鮮戦争時がそうだったように、経済特需が発生する」と主張する、いろんな意味で困った人もいます。しかし、これは経済構造をまったく無視したお話なんですね。

五〇年代初頭といまとでは、韓国の経済規模、それが世界に占めるウエートは雲泥の差があるのです。いま、韓国の経済インフラが滅茶苦茶に破壊されるようなことになったら、日本も中国も、経済的な没落が避けられないでしょう。もしかすると、アジアの経済のセンターが、日中から他に移動するというくらい、インパクトの大きな戦争になるはずです。

そうしたことを考え併せても、アメリカの軍事行動に対するハードルは極めて高いわけです。ましてやいま直ちに先制攻撃に踏み切るなどありえないと見るのが、妥当でしょう。ただし、こういう合理的な分析が適用されないような事例が歴史的には時々ある。今回がそういう例外的事例にならないことを願っています。

手嶋　もし先制攻撃に踏み切るつもりなら、まずアメリカの民間人を逃がす算段を実行に移し始めなければなりません。逆に言えば、先制攻撃を具体的な選択肢に入れ始めているかどうかは、アメリカの民間人、次いで軍人の家族の動向を注意深く見ていれば、ある程度推し量れるでしょう。加えて、現地で何らかの物資の輸送の動きがあるか、前線の部隊に動きはあるか、サイバー攻撃は本格的に始まったのか、軍人の家族に異動命令は出たのか、などを注視していれば、かなりの程度把握できるわけです。

同時に、ワシントンの統帥部でもハワイの司令部でも、何らかの形で武力行使に向けた動きが出てくるはずです。ワシントンでも、ジェームズ・マティス国防長官から、ペンタゴン（国防総省）の作戦立案者、さらには前線の指揮官の間にも、それなりの兆候は出てくるでしょう。そして在日米軍基地を提供している同盟国日本へも何らかの接触は図ってくるはずです。

僕はホワイトハウスやペンタゴンを十数年にわたって担当していましたから、大小合わせて十回近い戦争に付き合ってきました。パナマのノリエガ掃討作戦から湾岸戦争、アフガン戦争さらにはイラク戦争――。こうしてみると、アメリカという国家は、休む間もなく戦争を繰り返しているというのが実感です。そうした経験からいうと、この国が武力行使を決断したな、と分かる瞬間があるものです。

二〇〇一年の九月に同時多発テロ事件が起き、二〇〇三年の三月にはイラク戦争が始まりました。当時のブッシュ大統領は、いつ、サダム・フセイン政権への攻撃準備を決意したのか――。じつは随分と早い、二〇〇一年の年の瀬でした。この時、ホワイトハウスの空気がスーッと変わったことを鮮明に覚えています。公式の発表があるわけじゃない。政権の高官が大統領の決意を洩《も》らしたりするわけでもありません。要するに「空気」なのです。ブッシュ大統領はこの時期に、ラムズフェルド国防長官に対イラク攻撃の作戦計画を策定してほしいと密かに打診していたことが後に明らかになっています。

しかし、一七年五月の段階では、まったくそうした兆候がなかったのです。その意味するところは明白で、トランプ政権は朝鮮半島で先制攻撃に踏み切る意図をこの段階では持っていなかったということなのです。日本のメディアの報道とは明らかに落差がありました。

佐藤　そう。そういうところが、日本のメディアなどには全然分かっていない。

手嶋　同時に、そのようなアメリカ側の動きが、極秘のインテリジェンスとして「将軍様」の元に届かないわけがありません。恐らく彼は、トランプは口では「あらゆる選択肢を排除せず」と言いながら、実際には伝家の宝刀に手を掛ける素振りも見せていない、とお見通しだったのです。そうした「精緻な情勢分析」に基づいて、北朝鮮は堂々と核実験をやり、中長距離ミサイルを撃っているわけですよ。

ただし、ここでも冷静に見ておくべきことがあると思います。二回目に発射された北朝鮮の新型ミサイルは、一回目に比べて一〇〇〇キロメートル航続距離を伸ばしながら、当初さんざん「標的にする」と言っていたグアム周辺を周到に避けています。ある意味、北朝鮮も巧みに戦術を変えたわけです。巧みな「ゲームのルール」が双方でうっすらと成立しつつあるのですね。米朝の間で巧妙な駆け引きが行われているのも、また冷厳な事実だと思います。

トランプ登場を喜ぶ北

佐藤　ところで、金正恩からトランプはどう見えているのでしょうか？　激しく罵り合う間柄ですが、じつは両者は極めて「波長が合っている」というのが、私の見立てです。金正恩にとっては、自分が国のトップになって、初めてアメリカがかまってくれたわけですから、嬉《うれ》しくて仕方ないというのが本音でしょう。

手嶋　絶大な経済力を持つ超大国と明日のコメにも事欠く国が、対等に渡り合うことなど、普通はありえないのですが、まさしく「核の威力」ですね。

佐藤　実際バラク・オバマ時代は、北朝鮮は〝ガン無視〟されました。何をやっても、振り向いてはもらえなかった。そこで、核・ミサイル実験をエスカレートさせていたら、反応してくれる人がやっと現れたわけです。

手嶋　北からすれば、軍事力に圧倒的な差がありながら、「言葉の戦争」を続けているうちに、同じ土俵に乗ってきてくれたのですからね。超大国アメリカは、まんまと北の土俵に引き込まれてしまった。北朝鮮からすれば、長年の悲願達成です。

佐藤　一七年一月一日の演説で、金正恩は「ＩＣＢＭの発射実験の準備が最終段階に入った」と述べました。翌日、これにトランプが素早く反応し、ツイッターで「そんなことは起きない」と反論した。朝鮮労働党委員長の正月の演説に、就任前とはいえ、アメリカのトップになる人間がビビッドに対応するなど、前代未聞のことです。北朝鮮にしてみれば、「ついに引っ掛かったぞ。ＩＣＢＭを実現すれば、もっと近づいてくるはずだ」となるわけです。

手嶋　北の独裁者は久々に大魚を釣り上げたのです。その後の状況は、残念ながら「金正恩シナリオ」の思い通りに推移しました。

佐藤　北朝鮮も、伊達や酔狂でアメリカを挑発しているわけではありません。自分たちの体制が将来にわたって維持できるかどうか、生殺与奪の権利を握っているのがアメリカだと分かっているからこそ、手を尽くして、自らのペースで話し合いの場に引きずり出したいわけです。

手嶋　トランプ政権に本当に先制攻撃に打って出る覚悟が見えたなら、さしもの北朝鮮も自制せざるをえないでしょう。ところが、トランプ政権発足の後、伝家の宝刀を抜いて、先制攻撃に打って出る兆候は見えていませんでした。

主導権は平壌にあり

佐藤　このゲームが野球だとすると、私は「三回の裏、北朝鮮の攻撃」というステージではないかと思うんですよ。

手嶋　なるほど、北朝鮮が攻勢に出ているさなかですか。

佐藤　では戦況はどうかといえば、北はやりたい放題に攻め続け、アメリカはレッドラインを引き下げつつ防戦一方。あれよあれよという間に五点献上、ぐらいの大きなダメージを被ってしまった。九回までを展望するのならば、この回の負けは認めて、早く四回の攻撃に移ることが重要だという局面だと思います。

手嶋　確かに、現状が「主導権は平壌にあり」という展開になっているのは、間違いありません。

佐藤　じゃあ四回以降の攻防がどうなっていくのかですけど、状況は、ひたすら「北朝鮮のパキスタン化」に向かっているように思えて仕方ないのです。

どういうことか説明しましょう。隣り合うインドとパキスタンは、ともに核保有国ですが、その核は本質的に違うというのが私の見方です。インドの核は独自開発の中距離弾道ミサイルで、基本的にカシミール問題を抱えるパキスタンを射程に置いています。ただ、状況によっては、中国までは射程に入っているからなと、こういうゲームだと思うんですね。

一方でパキスタンの核は、そのインドに対抗しているという見方が主流なのですけれど、じつはそれだけにはとどまらない。同時に「イスラムの核」であり、なおかつサウジアラビアの資金提供の下で開発されたという側面を、無視することができないのです。核ミサイルのオーナーは、サウジアラビアなんですよ。だから、インテリジェンス・コミュニティーの間では、両国間には「もしイランが核保有したら、パキスタンの核を速やかにサウジに移す」という秘密協定があるとされています。

手嶋　パキスタンに預けてあるというわけですね。いまサウジアラビアでは、かつてない王室内の権力闘争が持ち上がっています。ですから、「パキスタンの核」は、不気味な変数になってくると思います。

佐藤　サウジが核を保有するようになれば、オマーン、アラブ首長国連邦、カタール、クウェートといった国は、パキスタンから核ミサイルを買うかもしれません。エジプトは自力で核兵器を開発する能力があります。アメリカにとっては、中東への核拡散につながるリスクのある、非常に厄介な核でもあるのです。

かつ、九八年にパキスタン初の核実験を成功させ、同国の「核開発の父」と称される、アブドゥル・カディール・カーン博士のような極めて危ない人間が関与しているのも、頭痛の種なんですね。彼は核のブラックマーケットを作って、リビアやイランなどに技術を提供したとされています。北朝鮮との関係も疑われている。アメリカは、「今度おかしな動きをしたら、消えてもらう」というルールだけは確立して、彼を封じ込めているわけです。

長々とパキスタンの核を説明したのは、そんなリスキーな代物にもかかわらず、アメリカがその保有を黙認しているという事実に、目を向けていただきたいからです。それはなぜか？　タリバン対策とかアルカイダ対策とかいろんな要素はありつつも、パキスタンにはICBMを造る意思はない、という点がポイントなのです。

手嶋　アメリカ大陸を射程に収めるようなICBMさえ保有していなければ、黙認してもいい——。これこそ、核の時代の「アメリカ・ファースト」主義に他なりません。

佐藤　そうです。逆に言えば、それほどアメリカはICBMに神経を尖《とが》らせているんですよ。ここが、北朝鮮の核問題を考えるうえでも、肝になります。

手嶋　つまり佐藤さんは、アメリカは北朝鮮に対しても、パキスタンと同じ形で落としどころを探っている節がある、と読んでいるわけですね。

佐藤　そうなんですよ。一七年五月以降の状況を踏まえて、薮中三十二元外務事務次官が、自著で「米朝二国間協議に傾くことは大いに考えられる」とはっきり書いています。長く北朝鮮を担当してきた人だけに、説得力がある。私も三回裏の猛攻を止めるには、北が望む二国間交渉に応じるしかないと思います。

そのうえで、「アメリカ本土に届くICBMは廃棄する」という北朝鮮の妥協を引き出し、核保有そのものや、中距離弾道ミサイルの開発までは容認する。その合意をベースに、米朝関係の一定の正常化を図ろうとするのではないでしょうか。それが国交正常化まで至るのか、それとも代表部の交換程度になるのか、そこまでは分かりませんけれど。

手嶋　そんなことになれば、日本の安全保障は、大きく損なわれてしまう。まさしく、自国の安全を剝《む》き出しに優先する「アメリカ・ファースト」に他なりません。同盟国日本の安全保障はないがしろにされ、日本を射程に入れた北朝鮮の核・ミサイルは固定化されてしまいます。ゲームの主導権を完全に平壌に握られてしまえば、日本をはじめ東アジアの同盟国の安全保障は根底から覆される恐れがあります。

「外交カード」を失った日本

佐藤　確かにご指摘の通りです。しかし、近未来にそのような状況になる可能性も考慮に入れて、日本は生き残りを考えなくてはならないと思います。やや悲観的かもしれませんが、米朝の一定の関係正常化は、案外早く進むような予感が、私にはするんですよ。あえてもう一つ残念なことを言えば、いま指摘したのは「メジャーリーグ」の話なのです。アメリカ、中国、ロシアのせめぎ合いに、少年野球レベルだったはずの北朝鮮が、核と弾道ミサイルを引っ提げて突然殴り込みをかけた、という構図なんですね。一方で我々は、「マイナーリーグ」に甘んじざるをえない。北朝鮮の最も欲しい「体制保全」というカードを、いまの日本外交が持ち合わせていないからに他なりません。

手嶋　もし日本だけが「マイナーリーグ」に取り残されれば、北の独裁者は日本など相手にしても仕方がない、と思ってしまいます。

佐藤　もちろん、北朝鮮はお金を欲しいのですよ。でも、それは自らの体制が今後も安泰だというお墨付きをいただいてからのお話。だから、そのカードを持つアメリカとの二国間協議を熱望しているわけです。

とはいえ、〇二年には時の小泉純一郎首相が訪朝し、拉致被害者五人を帰国させるという成果も上げた日本が、なぜ北朝鮮との交渉カードを失ってしまったのか？　これも、本当はしっかり検証しておかなければいけないのです。じつはその小泉訪朝に向けた「田中均外交」そのものが、取り返しのつかない国益棄損をもたらしたんですね。そのいきさつについては、手嶋さんが『文藝春秋』の〇七年三月号で、詳細に述べています。

手嶋　〇一年に、アメリカに「力の外交」を標榜するブッシュ共和党政権が誕生し、北朝鮮の金正日総書記は、まさに「体制が転覆されるのではないか」と恐れおののいたわけです。そうした状況に置かれた北は、一計を案じたんですね。アメリカの同盟国日本に、「ミスターX」なる人物をそっと差し向けてきました。「拉致問題は解決する。核開発もしない。だから国交を正常化して経済協力を。そういう交渉をしようではないか」と。その日本側のカウンター・パートを担ったのが、就任間もない田中アジア太平洋州局長だったわけです。

失敗の第一は、相手からこちら側は丸見えなのに、「ミスターX」は「X」のまま、最後までその素性は謎のままで、彼が提示するインテリジェンスの真贋を日本側は精緻に分析する術《すべ》を持っていませんでした。にもかかわらず、「ミスターX」のペースで交渉は進められていった。普通なら英米の情報機関などに「ミスターX」の身元を照会するのですが、外務省は調べる術もなく、田中局長はアメリカの介入を恐れてそれを拒み続けました。せっかくの交渉チャネルを閉じられてはまずいと考えたのでしょう。

佐藤　浅はかとしか言いようがありません。人物の特定は、そんなに難しくない作業で可能です。北朝鮮は、自分たちを調査されることに慣れていますから、日本側がいろいろ動いたからといって、自ら接近した交渉をチャラにしたりはしないんですよ。そんなことより、国益を左右する対外交渉を、話している相手が誰なのかを知らないまま進めることのリスク、愚かさを認識できなかったことに、いまさらながら驚きを禁じ得ません。

手嶋　案の定、交渉では相手の思うままに操られてしまいます。結局、小泉訪朝でも拉致問題に関する正確な情報は提供されず、鳴り物入りの「日朝平壌宣言」には、「拉致」の「ら」の字も記されませんでした。

それだけでも「田中均外交」の失敗は明白なのですが、さらにお話に出た「対北朝鮮カード」喪失につながる重大なミスを、彼らは犯します。小泉訪朝の事実も「平壌宣言」の中身についても、同盟国アメリカ、ブッシュ政権にごく直前まで知らせず、極秘裏に準備を進めてしまったのです。アメリカ側に伝えられたのは、小泉訪朝の公式発表のわずか二日前のこと。横槍《よこやり》が入って交渉が潰されることをそれほどまでに恐れたのだろう――。アメリカのブッシュ政権はそう受け取って、怒りを募らせました。

佐藤　東アジアの平和と安定のために、同盟関係強化をうたっていたはずの日本に「裏切られた」アメリカの困惑と憤りは、いかばかりのものだったか。しかもアメリカは、北朝鮮がやらないと約束したはずの核開発、ウラン濃縮に手を染めている証拠を摑《つか》みかけていたわけですね。

手嶋　その事実を北朝鮮が認めたのは、小泉訪朝の翌月のことでした。「朝鮮半島の核問題の包括的な解決のため、関連するすべての国際的合意を遵守する」と「平壌宣言」に書き、署名したにもかかわらず、金正日委員長は、平然と核・ミサイルの開発を進めていたわけです。ちなみに「平壌宣言」には、「ミサイル発射を二〇〇三年以降も凍結する」と明記していたのですから。

佐藤　そんな国と国交樹立寸前まで行き、一兆円の「経済援助」をしようとしていた。外交とは、かくも恐ろしいものなのです。

手嶋　日本からの一兆円が北の手に渡っていたら、核開発はもっとスピーディーに進んでいたことでしょう。自らに向けられる「核の刃」を相手に贈り、その刃にせっせと磨きをかける、そんな役回りを演じていたかもしれないのです。小泉政権に「待った」をかけたのは、アメリカのブッシュ政権でした。彼らが密かに摑んでいた「北の新たな核開発」、つまりウラン濃縮型の核弾頭を手がけている事実を公表し、それでもなお日朝の国交樹立に突き進むつもりかと日本側に迫ったのでした。

ところが、「ミスター X」の交渉相手だった田中均アジア大洋州局長は、拉致問題の解決が暗礁に乗り上げたとみるや、アメリカ側が突き付けた新たな核疑惑にとっさに乗り移ったのでした。広島型のウラン濃縮型弾頭の疑惑を逆手にとって、北朝鮮との交渉が行き詰まったというストーリーを組み立て、自らの失敗を巧みに覆い隠そうとしたのでした。息を呑《の》むほど見事な運動神経です。

手のひらを返すように、北朝鮮に対して強硬姿勢に転じた日本外交。その信念なき姿勢に心あるアメリカの人々は眉を顰《ひそ》めたのでした。かくして、「日米の堅い同盟を軸に、北朝鮮に圧力をかけ、対話のテーブルに誘い出す」という外交カードを日本側は失ってしまった。どうして日本のメディアは、自らの報道を検証し、誤りを糺《ただ》そうとしないのでしょうか。

佐藤　繰り返しになりますが、北朝鮮が対話をしたいのはアメリカです。日本には、その両者の橋渡しをするという重要な使命があったわけですよ。ところが、肝心の同盟国の信頼を傷つけたがために、その資格も能力もなくしてしまったのです。

もう一度、安倍総理の国連演説を思い返していただけば、このような状況下では、「対話でなく圧力」とか「最高水準の抗議」とかいう言葉が、いかに空しく響くことか。もちろん、諸悪の根源は北朝鮮です。しかし、外交の決定的な、かつ人為的なミスというツケが一五年たって回ってきているという事実も、我々はしっかり認識すべきだと思うのです。

中東の戦いで生じた東アジアの空白

手嶋　米朝交渉に話を戻しましょう。さきほど佐藤さんは、「いまは三回裏、北朝鮮の攻撃中だ」と見立てました。北朝鮮がこれほどのびのびとプレイができる舞台はどのような国際環境で設《しつら》えられたのでしょうか。

「テロの世紀」と形容される二十一世紀は、二〇〇一年九月の同時多発テロ事件で幕を開けました。そのわずか一ヵ月後には、アフガン戦争、二〇〇三年三月にはイラク戦争が始まりました。当時のブッシュ共和党政権は、持てるすべての軍事力、外交力、そしてインテリジェンスの力を注ぎ込んで、中東での戦争に一瀉千里に立ち向かっていったのです。その結果、超大国アメリカのもう一つの戦略正面たる東アジアには、巨大な戦略的空白を生じさせてしまった。今日、起きている事態の核心はここから始まっています。

佐藤　一回表の攻撃では、主戦級はみんな他球場で戦っていて、不在だった。

手嶋　そういうことになります。日本ではあまり論じられないのですが、今日の事態を精緻に捉えるには、東アジアにおける「超大国アメリカの余りに永き不在」こそ決定的に重要です。オバマ政権時代に、習近平率いる中国は「海洋強国」の旗を掲げて海洋に競り出してきましたが、これもアメリカが東アジアで「力の空白」を創り出してしまったからに他なりません。

佐藤　非常に重要な指摘です。これもたとえ話をすれば、いまの北朝鮮の核実験や弾道ミサイル発射実験というのは、とんでもないおできがほっぺたにできたようなものです。これは大変だと、市販の薬を買ってきて一生懸命塗るのだけれども、全然効かない。市販薬というのは、この場合経済制裁であり、制限付きの石油禁輸であるわけですが、これは一歩間違えば、かつて日本に太平洋戦争を決意させたような非常なリスクを孕《はら》んでいるわけですね。副作用の強いステロイド剤のようなものです。ところが、にもかかわらずおできはしつこく残っている。

それもそのはずで、おできの原因は肝臓にあったのです。肝臓が弱り切っているから、その症状が顔に出た。では問題の肝臓とは何か？　手嶋さんが述べられたように、東アジアにおけるアメリカの安全保障戦略です。

ジョージ・ブッシュ政権時代に中東の泥沼に足を取られ、そこから抜けることができなかった。オバマ政権時代には、「アジア太平洋回帰」を言いながら、実際には口先だけで終わってしまった。泥沼に武力侵攻したことによるコストがトラウマになった側面も相まって、東アジアの空白は長期化したのです。気づいたら、自分たちがほとんど何もできないうちに、敵のスコアボードには一〇点が刻まれていたというわけ。

手嶋　それにしても、言葉を喪《うしな》ってしまうようなアメリカの失策もありました。二〇〇八年、ブッシュ政権が、北朝鮮を標的とした経済制裁の根幹をなす「テロ支援国家」のリストから北朝鮮を外してしまいました。ブッシュ政権が、中東のドロ沼の戦争を戦うなか、内政面でも共和党政権の求心力が低下しつつあった。こうした背景のなかで、あろうことか、北朝鮮をテロ支援国家にあらずとしてリストから除く愚行が堂々と行われた。北朝鮮を除けば、「誰もが失敗だ」と断じる愚かきわまる政策——これほどの例はアメリカ外交史上いくら探しても見つかりません。

当時の六ヵ国協議のアメリカ首席代表のクリストファー・ヒル国務次官補は、責めを負うべきリストの筆頭に挙げなければなりません。このような人に北朝鮮との直接交渉の権限を与えたことも致命的な判断ミスというべきでしょう。「キム・ジョンヒル」と揶揄されることになるこの人は、核施設無能力化などで曖昧な合意を結ぶのに大いに「貢献」し、「テロ支援国家」の解除へ道筋をつける重要な役回りを果たしました。

佐藤　当時のアメリカの振る舞いも、北朝鮮の国力を高め、核開発を促進させるのに一役買いました。

手嶋　外交とは、手ごわい相手と交渉し、その時々の情勢も刻々変化していくのですから、すぐには評価が定まらないものなのですが、これほど愚かな間違いを犯した例を挙げることはちょっと難しい。二〇一七年十一月の安倍・トランプ会談で日本側は、「テロ支援国家の再指定をその場で表明させるべし」と僕は主張しましたが、結局、トランプ大統領は「再指定の方向で検討する」と言葉を濁してしまった。最終的にはアメリカは北朝鮮をテロ支援国家に再指定しましたが、その数日前には、トランプ大統領はツイッターで「彼（金正恩）と友達になるため努力しよう。いつか実現するだろう！」とつぶやくなど、なんとも意味ありげです。アメリカが北朝鮮をテロに関与している国家だと断じることを嫌がっていることがお分かりでしょう。

佐藤　私は、最近アメリカと北朝鮮の交渉が、ガダルカナル戦の時の日米に重なって仕方ないんですよ。あの時、犠牲の大きな白兵戦を何度も続けたのは、司令部や現場が馬鹿だったからではなくて、白兵戦がビルトインされてしまっているために、誰にも戦いの構造が崩せなくなっていたのです。

菊澤研宗さんの『組織の不条理』のなかに出てくるのですが、パソコンのキーボードは、左上から「QWERTY」とキーが並んでいますよね。何か意味があってそうなっているんだろうと漠然と考えているかもしれないけれど、現代においては、合理性はまったくないんですよ。しかし、十九世紀の終わりの頃には、意味があった。タイプライターをあんまり早打ちするとアームが絡まるために、わざとああいう「打ちにくい」配列にしたというのです。それが、コンピューターの時代になっても、連綿と受け継がれているわけです。

このように、いったんビルトインされたシステムは、よほどのことがないと転換できない。結局アメリカも、「あらゆる選択肢がある」と口にしつつ、一定の圧力や制裁も実行に移しながら、レッドラインの手綱を慎重に握りしめる、という対北朝鮮の基本姿勢を劇的に変えることはできないと思うのです。

手嶋 まさしくその通りですね。

佐藤 ただし、譲れない一線ははっきりしていて、さきほどから申し上げているアメリカ本土を射程に収めたＩＣＢＭの製造です。もし北朝鮮が本気でそれをやる素振りを見せたなら、さしものアメリカも白兵戦からの転換を実行する可能性はあるでしょう。

北朝鮮が「虎の尾」を踏む

手嶋　いま佐藤さんがこともなげに言ったことはきわめて重要です。二〇一七年の晩秋までは、日本のメディアの勇ましい報道とは裏腹に、トランプ政権が先制攻撃に打って出る兆候はまったく見られませんでした。しかし、その可能性が消えたと考えるのも早計です。

そもそも戦争というのは、予見不能性に満ちているものです。過去にも双方が予期せぬ偶発的な出来事が発火点になり、世界を惨劇が見舞った例は枚挙にいとまがない。「誰も望まず、誰も予想しなかった戦争」と形容される第一次世界大戦がそうでした。いまの米朝のように、牽制のつもりで「言葉の戦争」を繰り返しているうち、偶発的な武力衝突の危険が高まる恐れは十分にあるでしょう。

佐藤　主人公があの二人というのも、やはりあまりいい気持ちはしませんね。

手嶋　武力攻撃といっても二つのタイプがあることを心得ておくべきです。まず、自衛のための武力発動。アメリカという国は、自国の安全保障が危険にさらされれば、間違いなく伝家の宝刀を抜くでしょう。北朝鮮がアメリカの主権、領域に手を触れた場合は、必ず武力で反撃するはずです。日本の国会答弁風に表現すれば、自衛権の発動です。北朝鮮がミサイルを発射してグアム島とか、在日米軍基地を狙えば、トランプ大統領は即座に武力行使を命じるでしょう。

佐藤　やはり、すぐれてアメリカの「国内問題」なんですね。北朝鮮による攻撃でアメリカ人の死者が出たりしたら、伝家の宝刀を抜かざるをえなくなるでしょう。例えば、グアム島の領海の外ギリギリを狙って打ったのに、誤って領土にまで届いてしまったようなケースも含めて。そういう危険性も、念頭に置いておく必要はあると思います。

手嶋　武力発動のもう一つのケースは、先制攻撃です。このまま北朝鮮の核・ミサイルの開発・実験を放置していれば、アメリカの安全が脅かされる。そう断じて先んじて攻撃に踏み切る。一種の自衛のための措置だと主張するのでしょう。トランプ政権は当初、水面下でレッドラインを仄《ほの》めかしていました。六度目の核実験に踏み切るか、ICBMの発射実験をすれば力の行使を、と。これは報復攻撃と先制攻撃の中間に位置すると言ってよいかもしれません。しかし、レッドラインは、相手がそれを超えれば、武力発動に踏み切らざるを得ないため、危険な側面が秘められています。

トランプ政権の内情に通じた共和党の有力者と先日話をしていたら、アメリカにとって新たな「レッドライン」という興味深いことを洩らしたのです。北朝鮮は、新たに太平洋上で水爆実験を行うことを示唆しましたよね。もし北朝鮮が、公海上であれ、水爆実験に踏み切れば、それが新たな「レッドライン」になるだろうと言うのです。アメリカ本土への攻撃に対する報復攻撃と先制攻撃。このケースはそれらの中間に位置するグレーゾーンの武力発動です。アメリカ政府は、北朝鮮が太平洋上で水爆実験に踏み切れば、伝家の宝刀を抜く可能性があると暗に警告を平壌に向け発しているのでしょう。

佐藤　人類がこれまで生み出した兵器で、実戦で使用されていないのは水爆だけです。ダムダム弾も毒ガス兵器も、条約で禁止はされましたけれど使われています。しかし、水爆はそれらとはわけが違う。それを洋上で実験するとなると、実戦を念頭においた挑発だと取るのが普通でしょう。そんな行為は、核抑止の枠を逸脱すると捉えられても、仕方がありません。

手嶋　その時は、アメリカが自衛のためだとして対北攻撃に踏み切る可能性は捨てきれません。双方の「舌戦」がエスカレートしているうちに、北朝鮮がトランプ政権の虎の尾を踏む危険性は無きにしもあらずですね。

佐藤 アメリカ本土に届くICBMの開発、実戦を想定した水爆実験。さすがにそこまで行ったら、「容赦なく北朝鮮を叩き潰せ」という指令が発せられてもおかしくないでしょう。その結果、朝鮮半島で二百数十万人死ぬのはやむを得ない。それもアメリカの合理性、アメリカ・ファーストだと思います。

第3章 ニッポンを知らないトランプ、トランプを知らない日本

アメリカ・ファーストの底流

佐藤　二〇一六年のアメリカ大統領選では、終盤まで「ヒラリー・クリントン勝利」で決め打ちしている「アメリカ通」が、日本ではほとんどでした。手嶋さんは、選挙中から「もしかするとトランプの逆転がありうる」と語っていた、本当に数少ない専門家の一人です。そんな手嶋さんに、じつは分かるようで分かりにくい「アメリカ・ファースト主義」について、あらためて解説していただきたいのです。

手嶋　僕もアメリカ大統領選の終盤までは、トランプ政権の誕生はありえないと思っていました。しかし、終盤の各州の情勢を分析しているうちに、大きな異変は起こりえると思い始めたのです。そして最終盤では、メディア上でも、「自分がクリントン陣営の選挙参謀なら夜も眠れないだろう。もう、トランプ大統領が誕生しても少しも驚かない。それほどにクリントン民主党陣営は追い詰められている」と指摘しました。一連のコメントを聞いていた東京の民主党支持のアメリカ人は「これで手嶋のキャリアは終わった」と心配してくれました。

トランプ政権の骨格を形造っている「アメリカ・ファースト」の思想は、トランプ現象と共に突然変異のようにアメリカに出現したと捉えられがちですが、それは違うのです。アメリカの現代史に、アメリカの政治のなかに、確固とした基盤があるのです。

でもこうした「アメリカ・ファースト」の思潮を正確に理解するのはじつに難しい。それは、草の根のアメリカを知らなければ、その本質を摑めないからです。そこでお断りしておかなければならないのですが、僕はアメリカ外交のオブザーバーではありますが、「アメリカの専門家」などと称したことは一度もありません。それはロッキー山脈沿いから「ディープサウス」にかけた一帯、つまり「最もアメリカらしいアメリカ」で暮らした経験がないからです。

合衆国全体から見たら、ワシントンやボストン、ニューヨークに住む知識人など、ほんの少数派に過ぎません。トランプ陣営は、そんな中央政府に反感を抱き、現状に不満を募らせる草の根のアメリカをがっちりと摑んで、ホワイトハウス入りを果たしたのです。

佐藤　キリスト教右派が多く住む、「バイブルベルト地帯」が地盤なのですね。トランプにしても、あるいはブッシュにしても、そういう「我々の知らないアメリカ」の熱狂的な支持のもとに、政権の座を手にした。

手嶋　そうです。トランプは、「すべてはアメリカのために」と唱えることで、東部エスタブリッシュメントのメディアの予想を覆してみせました。でも、我々からするとちょっと異様にも映るトランプ候補の主張を、広範に受け入れる素地があるのもアメリカ社会なのです。そういう潮流が社会の底流に流れていなければ、こんな「奇跡」は決して起きません。

こうした地域に住む人々は、八〇〇〇万人とも言われます。信じられないかもしれませんが、その多くが公的な教育を受けずに、エバンジェリカル（米福音派）の教会から送られてくる教科書を使って、親に教えられているのです。それが先祖代々、連綿と続いていて、これからも続いていくのでしょう。

彼らは、自分たちの「精神の王国」に国家権力が入り込んでくるのを断固として認めません。北アメリカの屋台骨をなす地域に、我々の想像を超える「内向きのアメリカ」が息づいている。アメリカはアメリカのために――こうした主張を掲げるトランプ政権をきっぱりと支持する人々がいる。確かに我々がそんな人々の存在を理解するのは至難の業ですね。

佐藤　そういうお話を聞くと、日本のアメリカ像がいかに東海岸と、西海岸のカリフォルニアに限定されたものなのかを、再認識させられます。それとは違う「国」が、アメリカのなかには確かに存在するわけですね。

手嶋　そうした地域に暮らす人々の多くが、プアホワイトと呼ばれる所得の低い白人層です。彼らの多くは、中国や日本、韓国などの製品にアメリカ市場を侵され、自分たちの雇用を奪われていると感じています。だから、「外国製品をアメリカ市場から駆逐し、自分たちのアメリカを取り戻そう」と訴える、共和党のトランプ候補を熱狂的に支持したのでした。そんなトランプ支持派が、アメリカの人口の四割近くも占めている現実を、忘れるわけにはいきません。

佐藤　アメリカ・ファーストが異質でも突然変異でもないという意味が、よく分かります。

ただし一般論で言うと、国民国家を前提とする以上、アメリカの保守がアメリカ・ファーストなのはある意味当然で、日本の保守もロシアの保守も、「自国ファースト」ではあると思うのです。でも、いまアメリカでそれを強調せざるをえないというか、強調すれば支持がわっと集まる裏には、多くの「怒れるアメリカ人」の存在があるのではないかと感じるんですよ。ところが、自分たちは何に怒っているのかが、じつはよく分かっていなかった。トランプは、その感情をうまく掬《すく》い上げることに成功したのではないでしょうか。

〝追放劇〟以後も続く、「トランプ・バノン」の蜜月

手嶋　その通りです。ただし、トランプ候補がそうした選挙民の不満を掬い上げ、大統領選でのしたたかな選挙戦略にまで練り上げたのかというと、そうではありません。人々の感情、現状への不満を明確な政治戦略に練り上げたプロフェッショナルがいるのです。そう、希代の選挙戦略家、スティーブン・バノン氏です。超右派のネット・メディア「ブライトバート・ニュース」を率いるこの白人至上主義者は、大統領選でトラン

プ陣営を勝利に導いただけではありません。トランプ政権の思想的な骨格を創りあげた、まさしく特異なイデオローグなのです。

トランプ大統領は、そんなバノン氏のために「首席戦略官」というまったく新しいポストを設けて政権に迎えました。「トランプ・バノン政権」と呼ばれるゆえんです。彼の政治思想の中核こそ、「アメリカ・ファースト」なのです。

佐藤　ただ、バノン氏は、その白人至上主義的な言動が災いして、政権発足からおよそ七ヵ月後の八月十八日に、その座を追われますよね。

手嶋　はい、あの真夏の政変劇には、驚かされました。ホワイトハウスを担当しているジャーナリスト、ワシントンのロビイスト、インテリジェンス・オフィサー、いずれも海千山千のプロフェッショナルたちなのですが、スティーブン・バノンの更迭を予測していた人は直前まで皆無といっていい。みんな、ハーバート・レイモンド・マクマスター国家安全保障担当大統領補佐官の首が飛ぶと思い込んでいました。ホワイトハウスの内幕を報じる高価な「ニュースレター」もそんな観測で溢れかえっていました。突然の更迭劇の読みを誤ったのでした。

共和党の政権移行チームの中核メンバーに、じつは、東アジア情勢にも精通したプレーヤーがひとり含まれています。いま、日米同盟に関係している人で、このキーパーソンとコンタクトがなければ素人と言っていい。アメリカ大統領選の直後に電撃的に実現し、後のシンゾー・ドナルド関係の礎となった安倍・トランプ会談を実現させたのもこの人物です。「北朝鮮が水爆実験をやれば、アメリカの虎の尾を踏むことになる」という警告を発しているのもこの人です。

佐藤　なるほど、そうですか。

手嶋　そのキーパーソンが、「バノンなきトランプ政権」についてこう話しています。なんと、トランプ大統領は、バノン氏を切ったいまでも、頻繁にバノン氏と連絡を取り合っているというのです。トランプ大統領の人物登用の基準は忠誠心にあり。その点で両者の関係は、少しも変わっていないといいます。それゆえ、「バノンなきトランプ・バノン政権」がなお健在だと――。「アメリカ・ファースト」のイデオローグ、バノン氏は、政権を去ってなおトランプ大統領に無視できない影響力を持っているとこのキーパーソンは断じていました。

佐藤　そういうことになっているんですね。

手嶋　従って、トランプ氏の「アメリカ・ファースト」主義も、強まりこそすれ、薄れてなどいないと見ていいでしょう。

佐藤　ソ連崩壊時に「活躍」した人物で、酷似した役割を果たした学者が一人います。ゲンナジー・ブルブリスという国務長官で、九一年のロシア大統領選挙でエリツィン陣営の選挙参謀として運動を指揮して勝利に導くと、政権ではエリツィンの最側近として辣腕《らつわん》を振るいました。エリツィン政権最大のエポックは、同年末にエリツィン、クラフチュク・ウクライナ大統領、シュシケビッチ・ベラルーシ最高会議議長による、「ソ連は刷新ではなく解体する」という「ベロヴェーシ合意」でしたが、そのシナリオを書いたのもブルブリスでした。この動きを見てゴルバチョフ大統領が辞任し、ソ連は名実ともに崩壊したわけです。

しかしその後、超法規的施策も厭《いと》わない彼への非難が強まり、びびったエリツィンは、徐々に距離を置くようになりました。結果的には政権から離れて、民間のシンクタンクである国際戦略センターというのを作って総裁に就任したのです。

手嶋　政権を去った後も、現実政治に絶大な影響力を誇った点でも、両者は似た者同士ですね。

佐藤　その通りです。九三年には、ロシア新憲法の制定をめぐって、エリツィンとハズブラートフ最高会議議長をはじめとする議会派勢力との間で「モスクワ騒擾事件」が発生します。結局、ロシア最高会議ビルに立て籠った議会派を武力で排除して、エリツィンが実権を掌握するわけですが、この時、秘密警察や正規軍を動かして議会派を制圧させたのが、ブルブリスでした。

手嶋　そういう武闘派的なところも、バノンと瓜《うり》二つ。

ところで、そのバノン氏は、政権を去る際にとても気になる一言を発しています。

「トランプ政権にとって、いまは中国との経済戦争に勝利することこそ最優先の課題だ。北朝鮮の問題など座興に過ぎない。忘れてもらっていい」

まさしくアメリカ・ファースト主義者の本音が凝縮されています。アメリカの東アジア地域の主敵は、プアホワイトの仕事を奪っている新興の経済大国中国だと決めつけています。

この点は後でまた議論を深めたいと思うのですが、こうしたトランプ派の本音を、日本は明らかに過小評価しています。「有事には必ず日米同盟が機能する」というのは、時に幻想になりかねないことを肝に銘じておくべきでしょう。

北朝鮮より大変な対中国関係

佐藤　アメリカ・ファースト主義者の言いたいことは分かりますが、中国との経済戦争は、かなり大変だと思いますよ。

手嶋　支持率低迷に歯止めがかからないトランプ政権ですが、再選を果たそうと思ったら、やはりプアホワイトと呼ばれる人たちをがっちりと摑んでおくことが最優先課題となります。従って、この人たちの利益、具体的には、雇用を確保し、給料を上げていくことが、最優先のテーマになる。それゆえ、中国との経済戦争に勝利をすることがトランプ・バノン政権としては再選戦略の筆頭、そう至上命題なのです。

佐藤　グローバリゼーションが進めば、先進国の製造業が苦しくなるのは、理の当然です。そういう大きな流れに逆らってでも自国の製造業、労働者を守ろうと思ったら、国境を閉ざすとか、為替をいじるとか、関税をかけるとか、いずれにしてもけっこうな荒療治が必要になります。

手嶋　トランプ政権は市場経済では無理なことをやろうとして、現実の政治に軋轢《あつれき》を起こしています。

佐藤　いみじくもバノン氏が名指ししたように、対中貿易というのは、政権にとって、経済面で最大の課題と言えます。だからといって、そこで「国境に壁を造るぞ」と同じようなスタンスでアメリカ・ファーストを貫徹しようとすれば、中国との大きな摩擦は避けられません。彼らは、たぶん我々が想像する以上のジレンマに陥っているのではないでしょうか。

中国は、すでにワシントンに到達できるＩＣＢＭを持っているわけですからね。多弾頭ミサイルだって持っている。そういう客観状況も加味するならば、彼らにとって中国との外交ゲームは、対北朝鮮の比ではない面倒臭さだと思うんですよ。

手嶋　そうでしょうね。ただし、中国の核の脅威も、外洋への進出というミッションも、現実に人々の前にはその姿をはっきりとは見せてはいない。だから、「アメリカ・ファースト」を叫んでいるという段階だと思います。しかし、いつかのタイミングで、新興パワーの中国が立ち上がって、米中両国が真っ向から対決したら、相当に厳しいパワー・ゲームを強いられることになると思います。

トランプは「日本国憲法」を知らない

佐藤　一七年十一月にトランプ大統領が来日して、日米首脳会談をやりました。じつは、私には一つ懸念することがあったのです。

　北朝鮮が虎の尾を踏んで、あるいは今後踏むことを見越して、アメリカが北朝鮮に対する戦闘準備をある程度整えたと。そのうえで、会談の席で、「Shinzo, let's go together.――一緒に北朝鮮をやろうぜ！」と言われたら、どうするか。「いや、わが国にはいろいろ制約があって無理です」と返したら、「いままで日米同盟重視と言ってきたのは、何だったんだ」ということになりかねない。トランプは裏切りだと思うでしょう。

手嶋　安倍総理に近い政治ジャーナリストが、「総理は、アメリカが近々北に対する先制攻撃に打って出ると、本気で思っている」と言うんですよ。安倍総理が実際に口にしない限り、そんなことを僕に話すわけがありません。安倍官邸では、いま佐藤さんが指摘した日米連携の軍事行動といった想定が、密かに検討されているのかもしれません。

佐藤　もっと現実味があるのは、すでに論じた「北朝鮮にＩＣＢＭを放棄させることで手を打つから、それで納得してほしい」というアメリカ・ファースト・シナリオです。「日米は同じ価値観を共有する仲なのだろう。だったら我々の状況を理解してほしい。日本が北の核の標的になる？　安心しろ。これまで通り我々の核の傘で守るから」と。

手嶋　しかし、それでは日本が北の中距離弾道ミサイルの射程にすっぽりと入って放置されてしまいます。同盟国の日本としては、そんな事態をおいそれと受け入れるわけにはいきません。日米同盟にも深い亀裂を生じさせてしまいます。

その意味でも、十一月の日米首脳会談は極めて重要な意味を持っていました。トランプ政権が「ＩＣＢＭの凍結」で北と妥協などしないよう、日本側は明確に、断固として「クギ」をさしておくべきだったのですが、これについてどんなやり取りが交わされたのか、いまだ明らかになっていません。もっとも、北朝鮮を「テロ支援国家」に再指定するという明確な言質《げんち》も取れなかったのですから、無理もありませんが。

佐藤　残念ながら、そういう話にはなりませんでした。

手嶋　新しい核兵器の配備を巡っては、冷戦期のアメリカには「前科」があるのです。東西冷戦のさなかに、ソ連がヨーロッパの西側同盟国を標的として、ＩＮＦ（中距離核戦力）の配備に踏み切りました。この時、ドイツやフランスからは、ＩＮＦがアメリカ大陸には届かないため、核戦争が起きても、アメリカは核戦争の危険を冒してまで、ヨーロッパの同盟諸国を守らないのではないかという声が沸き起こりました。アメリカの「核の傘」に疑念が生じる事態となったのです。この結果、アメリカもヨーロッパに新たにＩＮＦを配備せざるを得なくなり、東西両陣営の緊張は一気に高まっていきました。これをきっかけに米ソ間で画期的なＩＮＦ全廃条約が結ばれることになったのです。この問題は、核の時代の同盟関係がいかに脆《もろ》い基礎の上に立っているかを窺《うかが》わせるものでした。長距離核と中距離核。この二つの兵器は、アメリカ大陸を射程に収めるか否かで、西側同盟に深い亀裂を生じさせる危険を孕んでいました。北が開発を進める長距離ミサイルと中距離ミサイルは、かつてヨーロッパで持ち上がったような「西側同盟の亀裂」を日本とアメリカの間に生じさせてしまうかもしれない。北の核ミサイルを巡る構図は、八〇年代のヨーロッパと似ています。同盟国の日本は、超大国の底に流れる「アメリカ・ファースト」の潮流に警戒を怠ってはならないと思います。

佐藤　もう一つ直視すべきなのは、アメリカ・ファーストの裏返しで、トランプは恐らく日本のことをよく知らないということです。だからこそ、いまのシナリオが現実味を帯びるんですね。

例えば、かつて日本が朝鮮半島を植民地支配したことを知らない危険がある。だから、韓国のナショナリズムが日本に向く可能性に気づかない。もし日本が米軍とともに北を空爆したら、韓国世論はどう反応するか？

手嶋　反日ナショナリズムのマグマが噴出して、制御不可能に陥るでしょう。

佐藤　東アジア情勢そのものに疎い、日本国憲法の建付けを知らない、自衛隊の海外派兵、集団的自衛権の行使に大きな制約のあることを理解していない――。だから、自分が腹を固めたならば、当然のように「Let's go together.」と我々を促す。ところがそれに難色を示す日本が、理解できないと思うのです。あるいは、「北朝鮮のＩＣＢＭ放棄で妥協することに、なぜ賛同できないんだ」となってしまう。

手嶋　トランプ候補が大統領選のさなかに記者団から「尖閣諸島に日米安保条約を適用して守るのか」と質問された。彼はしばしの沈黙の後に、「いや、そのことについては、いまは答えたくない」と応じています。東アジア政局の重大な要が、尖閣諸島にあることをトランプ氏は知らなかったのでしょうが、「いまは答えたくない」とじつに思わせぶりな対応をしたものです。日本側をさんざんに心配させた後、一七年二月の日米首脳会談で、「尖閣諸島には安保条約第五条が適用される」と明言して、日本側を安堵させています。じつにしたたかです。

佐藤　「トランプは、日本のことをよく分かっていない」。日本の対米外交は、そのこともしっかり認識して進められなくてはなりません。

　同時に、いまお話に出た尖閣や、あるいは台湾海峡あたりの問題に関しては、我々日本自身ももう少し重視して捉えていく必要があると思うのです。北朝鮮が目立つからといって、東アジアの平和と安定の命運を握るイシューが、溶けてなくなったわけではないのですから。

手嶋　いま、佐藤さんは非常に重要なテーマにふれましたね。尖閣諸島のすぐ先には台湾海峡が拡がっています。日米安保条約は、そもそも朝鮮半島の有事と、台湾海峡の有事を想定しているのですが、米中両大国にとっては、朝鮮半島と台湾海峡の重みはまったく違います。朝鮮半島を巡って干戈を交えようとは双方とも寸毫も考えていない。これに対して、台湾海峡は、米中が現実に相まみえる危険がもっとも高い海域です。米中両国が、軍事的に衝突する芽を孕んだ地域なのです。

　台湾海峡を巡る危機の扱いを瞬時でも誤れば、半世紀にわたって築き上げてきた東アジアの平穏は音を立てて崩れかねません。トランプ政権の誕生によって、習近平とトランプという政治指導者は、静かではあるけれど緊迫に満ちた応酬をすでに交わしたのでした。東アジア政局の最大のテーマである台湾海峡問題について少し詳しく論じ合ってみたいと思います。

佐藤　賛成です。それこそ、日本のメディア報道の「空白地帯」でもありますから。

第4章
「一つの中国」への転換にみるトランプの政治手法

「一つの中国」カードを切ったトランプ

手嶋　二〇一七年二月十日、十一日の日米首脳会談で、トランプ大統領は「尖閣諸島に安保条約第五条を適用する」と明言しました。非常に象徴的なことなのですけれども、その直前、トランプ大統領は中国の習近平国家主席との電話会談に初めて応じました。そして、満を持して、両国関係にとって最も機微に触れる外交カードを切ったのです。この会談後、アメリカ政府は声明を発表し、これを受けて中国のメディアは次のように報じたのです。「トランプ大統領は、中国の習近平主席の要請に応え、『一つの中国』の原則を尊重することに同意した」――。日本のメディアの多くも同様の報道ぶりでした。アメリカのトランプ政権も、歴代の政権と同様に「台湾は中国に属する一省である」という「一つの中国」の原則を踏襲する意向を示したというのです。

じつはこの案件にはここに至る重要な前段がありました。トランプ氏は、大統領選に勝利した後、保守系のメディアのインタビューに答えて、「どうして我々が『一つの中国』の原則に縛られなければならないのか」と発言し、中国側を慌てさせたのです。

佐藤　わざわざ台湾の蔡英文総統に電話をかけて、同じことを言ったんですね。

手嶋　それまでアメリカの歴代政権が踏襲してきた重要な外交の原則を逸脱する、前代未聞の発言でした。「中国政府はこれに強く反発した」と報じられましたが、実際は顔が青ざめたのではないでしょうか。これは、台湾寄りの発言にも映りますが、当の蔡英文政権も言葉を失いました。台湾海峡に嵐を呼び起こすものと当惑したはずです。

佐藤　中国からすれば、宣戦布告みたいなものですからね。もしトランプが「一つの中国政策の見直し」で突っ走っていたら、いま頃どうなっていたか分かりませんよ。

手嶋　そう、さんざん心配させておいてホワイトハウスに入ると、歴代政権の線にすっと戻っていった。これを受けて、習近平国家主席はトランプ大統領との電話会談に応じ、四月上旬にフロリダで初めての米中首脳会談を行うことが決まりました。ジョン・ケリー大統領首席補佐官、ハーバート・マクマスター国家安全保障担当大統領補佐官、ジェームズ・マティス国防長官といった政権内の要人たちは、台湾海峡の波を穏やかに保つことがどれほど重要か、自らの経験で知り抜いていますから、懸命に大統領に事柄の大切さ、微妙さを説き、折伏に努めたことでしょう。

ただし、本題はここからです。トランプ政権は中国側の求める「一つの中国」の原則を受け入れたのか。答えは明らかに「ノー」なのです。

米中電話会談後のアメリカ側の声明は、トランプ大統領が得意とするツイッターやテレビカメラの前での発言ではありません。アメリカ外交の専門家が戦々恐々として、細心の注意を払って書き下ろしたものなのです。このステートメントは正確には「トランプ大統領は、習近平国家主席の要請に応えて、我々の One China policy を尊重することに同意した」となっています。

新華社を含めた中国のメディアは、さきに指摘したように「アメリカは『一つの中国』原則を尊重することに同意した」と報じたのですが、これは中国当局の検閲を経た報道ですのである意味で当然でした。しかし、日本のメディアも、愚かにも、と敢えていいますが、中国のスタンスに追随しています。正直にいえば「誤報」と言わざるをえない。アメリカはそんなことを言ってはいないからです。中国側は、アメリカ側の声明の内容が違うことを百も承知のうえで「一つの中国」の原則を尊重したと丸呑みしてみせたのです。中国外交のしたたかさを見る思いがします。トランプ声明はあくまで「我々の一つの中国政策」と述べています。いうまでもありませんが、アメリカの「一つの中国」と中華人民共和国の「一つの中国」は、似て非なるものです。

佐藤　分かりやすく言うと、「台湾が中華人民共和国のものです」と認めたわけではない。

手嶋　その通りです。じつは、「One China」の捉え方、その持つ意味合いは、アメリカも中国も台湾も日本も、歴史的な経緯が異なりますので、すべて違うのです。トランプ声明が同意したのはあくまでアメリカにとっての「One China Policy」なのです。

米中ソ、パワーゲームのなかで

佐藤　いま指摘されたことは、「外交とはどういうものか」を考えるうえでも、格好のテキストだと思います。振り返っていただけますか。

手嶋　すべては一九七一年の時点に遡《さかのぼ》ります。当時、リチャード・ニクソン大統領は、選挙戦で「ベトナム戦争の泥沼から抜け出す」と公約してホワイトハウスに入りました。ヘンリー・キッシンジャー補佐官が中心となって、懸命にベトナム戦争に終止符を打とうとするのですが、国境を接している中国から膨大な戦略物資が北ベトナム、そして南ベトナム解放戦線に途切れなく流れ込んでいました。アメリカにとって、国交のない中国と話をつけ支援ルートを断たなければ、ベトナム戦争を終結させることはできなかったのです。中国と何とかして関係を改善したいという思いを募らせていました。

一方で、中国の毛沢東・周恩来政権は、文化大革命の終末期にあってなお、アメリカ帝国主義打倒のキャンペーンを張っていました。しかし、現実には、黒竜江（アムール川）の向こう側に展開するソ連の最精鋭の部隊が、戦術核の部隊を擁して、折あらば北京に核攻撃を仕掛けようと戦略的攻勢を強めていました。当時の日本は、そうした機微を少しも知らなかったのですが、毛沢東・周恩来政権が対峙していた真の敵はソ連であり、何とかしてアメリカと関係改善を図り、ソ連からの核の脅威を凌ぎたいと考えていました。

佐藤　ここで非常に重要なのはイデオロギーで、じつは、中国とアルバニアが訣別した背景にはこのイデオロギー転換があるわけです。要するに、中ソ論争のところで世界革命戦略を取っていくのか。そうじゃない、平和共存なのか、ということが争点のはずだったと。それで、ある意味、原理主義的なかたちのアルバニアは、ソ連と国交を断絶してまで中国と関係を持った。

ところが、ソ連の攻勢に対峙するために、鄧小平が三つの世界論を提唱する。この三つの世界論は、マルクス主義とは別の原理で構成されている。第一世界がアメリカ帝国主義、ソ連社会帝国主義。第二世界が日本、西欧、東欧。要するに、米ソを除く先進国。そして第三世界がアジア・アフリカ・中東諸国としたうえで、中国は第三世界であるという三つの世界論を展開するとともに、それならばソ連、アメリカ、両方主敵なのかと思うと、帝国主義のなかでも、社会主義の旗を掲げるソ連社会帝国主義がとりわけ危険であるというかたちで、第一世界のなかで二つに区分をして、結局、第一世界のなかのソ連社会帝国主義対、残りすべてという図式を鄧小平が作り上げたわけです。

手嶋 それまでの中国外交の舵を大胆に切って、米中両国が大胆にも接近を図る――。そのためには、鄧小平という天才が描き出すまったく新しい戦略が必要だったわけですね。

佐藤 最初にそれに触れた時に、中国は「帝国主義打倒、社会帝国主義打倒」を掲げるのだから、引き続きアメリカとは緊張関係を継続するのだ、と大半のウォッチャーたちは思ったわけですよ。しかし、この転換は、ソ連包囲網の構築に向けたリアリズムに基づくものだったのです。そのリアリズムが見えた数少ない一人が、キッシンジャーでした。

手嶋　半面、鄧小平流の転換がまったく理解できなかった日本の知識人、「中国の専門家」と称された人たちのレベルの低さが、いまから見ると歴然です。

佐藤　若松孝二監督の『実録・連合赤軍　あさま山荘への道程』に、浅間山荘のなかで、赤軍派の坂口弘たちがニクソン訪中のテレビニュースを見て、唖然とするシーンが出てきます。非常にシンボリックな場面なのですけど、当時の新聞、テレビはそれを「頭越し外交」と報じ、日本全体が唖然としたわけですね。

手嶋　まさにそうでした。話を米中に戻すと、鄧小平の描いた大きな絵図があり、外交戦略家、周恩来がいて、一方には中国のイデオロギー転換を喝破したキッシンジャーがいる。すでに米中接近の素地は整っていました。しかし、そのためには、どうしても抜かなければならない棘《とげ》が、米中の喉元に深く突き刺さっていました。それが台湾問題だったのです。

佐藤 ぜひとも手を握りたい。そのためには、棘を処理する必要がある。さりとて、どちらか一方の棘を抜くというのは難しい。そんな状態と言ったらいいでしょうか。

「One China」という巧妙な発明品

手嶋 中華人民共和国は建国以来「台湾は密接不可分の中国の一領土であり、一省にすぎない」という立場です。しかし、ニクソン政権は、逆にその台湾の国民党政権を「唯一の正統政府」として認めていたわけですからね。これは国際政治の文脈でいうと、まったくかけ離れた平行線で、交わる余地がまったくなかったわけです。周恩来政権と事前の折衝を任されたキッシンジャー補佐官には、平行線をとにもかくにも交わったと表現して、米中が握手してみせるという、不可能に近いミッションが課せられたのでした。

そんなことはただでさえ困難なのに、米中はそれぞれに手ごわい「右派強硬派」「左派強硬派」を各々抱えていましたから、交渉は難航に難航を重ねました。アメリカでいうと、共和党には辣腕をもって鳴る「台湾ロビー」がいる。中国では最左派、後に四人組と呼ばれた強硬派がいました。その人たちをおさえ込むためにも、「自分たちは妥協しているわけではない」「きちんと筋を通している」という証拠の文書は必要だった。交わるはずのない平行線を前に、リーマン幾何学を解くような難題に挑んだわけです。

佐藤　従来の発想では、絶対に解を求めることはできません。そこで、言ってみれば、いままで平面上で考えていた国際政治を、「ソ連社会帝国主義がいかに危険か」「ベトナム戦争を継続するのが、どんなに致命的なことか」というお互いの利害をエネルギーに、ギュッと球面にしちゃったんですよね。そうしたら、そこで平行線が交わる道が見えた。

手嶋　結果として交わった平行線を、しかし〝言の葉〟に落とさなければならないわけですよ。

キッシンジャーが、交渉のために カラチからひそかに北京に入ったのは、七一年の七月でした。そして夜を徹して、周恩来と後の「上海コミュニケ」についての交渉をすることになります。その時に、こんなエピソードが遺されています。周恩来の英語の通訳を務めたベテランの女性がいたのですが、堂々巡りで埒《らち》が明かない状況のなか、この人が周恩来総理の顔を批判げにちらりと見たというのです。

周恩来さんという人は大変に繊細な人で、それに気づいて、怒りを露《あらわ》にし、「ならば、君ならどう表現するのか言ってみろ」と言葉を荒らげたそうです。「ジュネーブでインドシナ戦争を休戦に導いた伝説の交渉者を何と心得ているのか」という心境だったのでしょう。ところが、この女性通訳は少しも慌てず、「台湾海峡を挟む両岸の中国人は、それぞれに中国は一つ、"One China"だと考えていると表現すればどうですか」とつぶやいたそうです。まさに上海コミュニケの台湾条項の肝の部分をさらりと言ってのけたのでした。

佐藤 ただの通訳ではなかった。

手嶋 長くアメリカに暮らした経験もあった女性なのだそうですが。ただし、そこに鋭く反応した二人の外交戦略家も、やはり天才だったのでしょう。傍らのキッシンジャー補佐官は直ちにペンを取り出して、台湾条項の主語を「アメリカ政府」として、そのまま採用したのでした。普通、コミュニケというものは「米中両国はこれこれの事柄について一致した」と書くのですが、台湾条項の核心部分は、アメリカ政府は台湾海峡を挟む両岸の中国人はそれぞれに中国は一つだと考えている、ということをacknowledge、つまり、事実として知り置いていると書いたのでした。recognizeだと書けば、「そうした立場を承認する、認める」と読めてしまいます。あくまで客観的な事実を知り置いているに過ぎないと表現に苦心の跡が窺えます。

こうして米中の喉元に突き刺さった棘を抜いたのですが、「acknowledge」というキーワードはキッシンジャーが思いついたのではない。あろうことか、周恩来がキッシンジャーにそっとこう書いてはと、囁いたと言われています。周恩来は、香港の返還交渉でイギリスの外交官がこんな用語を使って難所を乗り切ったことからヒントを得たらしいのです。「イギリス外交官のしたたかさ」をそっくり学んでいたのでしょう。そして勝負所でなんと英語でこう表現してはどうかと囁いたというのですから、外交交渉の懐はなんと深いのでしょう。ため息が出てしまいます。

佐藤 お互いギリギリの状態で、なんとか一致点を見出そうとする外交の息遣いが聞こえてくるようです。

「一つの中国」で、米中外交は回る

手嶋 話を現代に戻します。トランプが軌道修正して中国側に歩み寄ったかに見える「One China」の原則も、あくまでも「アメリカにとっての『一つの中国』」であることを、中国は百も承知なんですね。そのうえで、歯ぎしりをするような思いで、しかしそんなことはまったく知らない素振りをして、「アメリカはOne Chinaという原則に同意をした」と、四月のフロリダでの米中首脳会談に応じてみせたのです。中国外交の恐ろしいほどの実力を、そこに見る思いがします。

佐藤 手嶋さんのお話を伺ってあらためて思うのですが、米中というのは「こっちから見ればこう見える、あっちから見ればこう見える」、そして「その先を詰めない」という交渉、対応というのが、極めて上手ですよね。

手嶋 そう。「台湾海峡問題の平和解決を希求する」と表現し、言外に武力侵攻には武力で臨むと滲ませる「曖昧戦略」がその典型です。

佐藤 中国が、南シナ海に人工島を造りましたよね。アメリカがあの海域に対して、「航行の自由作戦」を展開しました。イージス艦を出して航行させたのだけれど、中国の主張する「領海」一二カイリ以内のところで停船しませんでした。前に「領空」の説明のところで話しましたが、軍艦であれ民間の船であれ、停船したりしなければ、他国の領海内を自由に航行できるわけです。

つまり、アメリカは「領海」を航行することで中国に対するデモンストレーションを敢行した。中国から見れば、「領海内の無害通航権を行使しただけでしょう。抗議はするけれども、痛くも痒《かゆ》くもないよ」と言えるわけですよ。

手嶋　そこらへんが、超大国なんですね。新興の超大国と、元祖超大国。ただし、曖昧戦略には落とし穴があることも、十分認識しなければなりません。「一つの中国」は、もともと考えていることが違うわけですから、潜在的に大きな問題が伏流していると言えるでしょう。また、「平和解決を希求する」のは結構だけど、現実世界ではどんな可能性があるのか、その行間を読まなければいけないのです。例えば、「平和解決」の枠組みが崩れたらどうなるのか。その時は平和でないのですから、伝家の宝刀をアメリカが抜く、とも読めるわけですね。

佐藤　そういうことです。

手嶋　よりリアルに言うと、中国人民解放軍が台湾海峡を渡って武力介入してくれば、その時には、アメリカは伝家の宝刀を抜く。沖縄から海兵隊を、そして横須賀から第七艦隊を差し向ける、と。究極的には、そういうことになるはずです。

しかし、くどいようですが、アメリカはそういうシナリオを語ることはありません。いざとなったら伝家の宝刀を抜く覚悟があるのなら、はっきりそう言って牽制すればいいと感じるかもしれません。しかし、それをしないのは中国以外にも牽制すべき相手がいるからです。台湾には、上海コミュニケを結んだ当時もいまも、広い意味で「独立派」「二つの中国派」がいるんですね。

台湾が明示的に独立を宣言すれば、習近平体制のチャイナ・セブンが政治局常務委員会を開いて決めるまでもなく、自動的に人民解放軍は海を越えます。ですから、台湾のどんなに強硬な独立派でも「これから独立するぞ」などとは言いません。そうすれば、直ちに戦争になると、誰もが分かっていますから。

しかし、様々な形で「独立に向けた動き」を強めるかもしれませんよね。この時に、ここが一番大事なんですけれども、中国側にとって容認できない「レッドライン」はどこかという基準は、じつはないのですよ。基準は、その時々の中国国内の情勢で揺れ動くからです。

国内情勢を見つつ、判断することになります。例えばですが、ウイグル、チベットの情勢が緊迫してくれば、台湾海峡に出るべきタイミングを早める変数になるでしょう。

佐藤　そういう状況だと、「早めに台湾をおさえておこう」という判断は下しにくいでしょうね。

手嶋　一方、台湾独立派のほうは、そういう北京の動向を探りつつ、機をうかがっている。「中国が出てくれば必ずアメリカが武力介入する」という保証があれば、独立派は行動を起こすかもしれません。アメリカという強力な後ろ盾があるのですから。そうした深謀遠慮の下、文書は「平和解決を希求する」と表現し、言外に中国の、とりわけ人民解放軍を牽制する。返す刀で、台湾の独立に向けた動きに対しても「必ずしもアメリカが支援するかどうか分からない」というところに留めておく――。三五年にわたってこの地域の安全保障を見ているジャーナリストの立場からいうと、これに過ぎるような精巧なコミュニケはありません。外交文書のノーベル文学賞があるとすれば、間違いなく受賞対象になるはずだと、僕は思います。

佐藤　おっしゃる通りです。

トランプも「学ぶ」

手嶋　アメリカと中華人民共和国と台湾の「一つの中国」は、中身がそれぞれに違う。日本もポツダム宣言で台湾を放棄しています。上海コミュニケのなかに、これほど微妙な関係国の思惑が詰まっているわけです。そこに外交に関して突然変異のようなトリックスター、ドナルド・トランプ大統領が現れた。繰り返しになりますが、大統領選のさなかから、「どうしてトランプ政権が、One China なるものに縛られなければならないのか」と問題発言をしていました。

どうしてそんなことをやったのかといえば、佐藤さんが指摘するように、東アジアのガラス細工のような安全保障環境をまったく知らなかったこともあるのですが、この件でアメリカの貿易赤字の半ばを占める中国を揺さぶって何らかの妥協を引き出し、その見返りは自分の支持層であるプアホワイトに、という思惑があったと思うのです。

佐藤 その可能性は、十分あるでしょうね。ちょっと逆説的な言い方になりますが、一年ほど見てきて、ある意味トランプの強さというのは、そういった機微に触れる問題について「無知」なところにもあるように感じるんですよ。

手嶋 台湾海峡問題については、結果的に中国を揺さぶるどころか、中国の巧みな外交戦略もあって、意を通すことは叶いませんでした。旗印のアメリカ・ファーストを稳健化したというレベルではなくて、東アジアの現実という壁にぶち当たって跳ね返されたわけですね。さしものトランプも、触れれば血が出るほど微妙な東アジア情勢にこれ以上踏み込んでいくわけにはいかない、と悟ったのだと思うのです。

佐藤　周囲に耳を貸すこともなく、ひたすらアメリカ・ファーストに邁進するということには、なっていませんからね。

いまの「One China」と似ているのが、イスラエルのテルアビブにあるアメリカ大使館を、エルサレムに移転しようという件です。

手嶋　ああ、似ています。

佐藤　あれも、選挙公約にしていて、直前まで気を持たせたのですが、一七年六月一日に「諸般の情勢に鑑みて六ヵ月延期する」と方針転換しました。たぶん、これは踏襲していくでしょう。アラブ諸国が反発して、へたをすると第五次中東戦争勃発につながり得るというリスクは、回避したと思うのです。

手嶋　米中戦争も回避した。トランプのことを、お粗末な、外交について何も知識がない人物だと、ちょっと見下すのが一般的なんだけれども、かなりしたたかな面を持ち合わせているのも事実ですよね。

佐藤　さっきも言ったように、「知らない」ということは、非常にプラスに作用することがあるわけですよ。いままでの慣行がどうだったのかは知らないけれども、目の前には現実に「二つの中国」があるじゃないか。その事実を認めて、何がおかしいのか――。

これは、あえて言えば「普通の感覚」です。恐らく、アメリカの圧倒的大多数の有権者もそう思っているでしょう。

しかし、「普通のこと」を実際にやってみると、「現状では、この状況を変えることはできないんだ」ということが分かる。リスキーではあるけれど、極めて賢明な行動とも言えます。

手嶋 確かに、ごく普通の人々の感覚、常識を大切にして、外交専門家の常識に安易に歩み寄らない。これはかつてのロナルド・レーガン大統領と同様に、トランプさんの強みでもあるわけです。

佐藤 イスラエルとパレスチナの関係においては、イスラエルが力をつけてきた。一方、中東でアラブ諸国が台頭している。では、イスラエルの主張に寄り添うかたちで、大使館をテルアビブからエルサレムに移せるのか？　ぶち上げてみると、やはり国際的な批判が大き過ぎて難しいことが分かったわけです。現在の均衡点はどこにあるかということは、「揺らす」ことを言ったりやったりしてみないと、正確には分からないですよね。もしかすると、そういうことをして、彼なりに均衡点をチェックしているのかもしれません。

手嶋　たしかにロナルド・レーガン大統領に似ているところがありますね。彼はいまやアメリカ史上最高の大統領のひとりと称えられていますが、当選したての頃は、「ハリウッドの俳優あがりの人物」と東部の知識人やメディアからは見下されていました。レーガン政権は、冷戦を終結させるきっかけになった戦略防衛構想、通称スターウォーズ構想を推し進め、最終的にはソ連を崩壊させる切り札としました。敵の核兵器の人質に自国民を差し出す。そのことで結果として核兵器を使えない兵器とするという核抑止戦略、deterrenceという概念を、レーガンという人は終生理解しようとしなかったといいます。当時、核問題の専門家は、無知のゆえに理解できないのだと考えていたのでしょう。核の時代の語り部と云われたポール・ニッツェもそのひとりでした。草の根の人々の感覚を大切にした大統領は専門家が創りあげた精緻な理論をあえて受け付けなかった。そこには人々に選挙で選ばれた政治指導者がどうあるべきか、そのエッセンスが鮮明に示されてもいたのです。

佐藤　トランプの場合も、いつも跳ね返されているかというとそうではありません。そこも正確に見ておかないといけない。アメリカが、プレーヤーとして自ら十分予見を変化させられるとみたことについては、彼なりの成果を上げているわけですよ。一つはT

ＰＰであり、もう一つはパリ協定です。こういう課題については、しっかりアメリカ・ファーストを貫いていますよね。

同時に、ちょっと観察の視点を変えると、「究極のポストモダン政権」かもしれませんね。政策の整合性とかはとりあえず置いて、そこに破れそうな布があったら継ぎを当てるという手法です。そういうふうに個別に対応しつつ、整合性の取れる理屈は周りにいる誰かが考えろ、と。そんな感じもします。

手嶋　政治的にも、社会的にも、もっとも成熟していると思われていたヨーロッパでもいま、無残に整合性が失われ始めています。イギリスのＥＵ離脱やバルセロナのスペインからの独立の動きについては、合理性、論理性は見当たりません。そこには、短期的な感情の発露しか見えません。

佐藤　あるいは、限定合理性ですよね。ある特定の区域において、ある特定の集団において、特定の政治グループにおいては、それを選択することが合理的であるという限定合理性の追求になってしまっている。

手嶋　むろん、日本も決して例外ではありません。北朝鮮の危険が現に目の前にあるとして、それを大義名分に掲げて、解散・総選挙に踏み切った。そこに安全保障上の合理性が果たしてあるのか、大いに疑問なのですが。ともあれ、トランプ政権も闇雲に「アメリカ・ファースト」で突き進んでいるわけではは必ずしもありません。「普通の感覚」に依拠するような術もわきまえている。国際関係のタブーに、あえて触れる勇気も持ち合わせている。なかなか一筋縄ではいかない、難物だと思います。

佐藤　そういう側面にも目を向けて、冷徹に分析する必要があると思います。

第5章
気がつけば「独裁化」が進む世界

電気自動車で「孤立」するアメリカ

佐藤　いきなり突拍子もないことに聞こえるかもしれませんが、僕はいま、エネルギーを武器にした「ヨーロッパのアメリカ離れ」が、密かに進行中だと考えているんですよ。

手嶋　僕だけじゃなく、世間さまは、佐藤さんの「突拍子」に期待しているのですよ。いまさら、世の中の思惑など気にせずに、斬新な切り口でお願いします。

佐藤　私がはっとしたのは、二〇一七年九月のカルロス・ゴーンさんによるパリでの記者会見なのです。フランスとイギリスが、二〇四〇年までにガソリン車とディーゼル車の販売を禁止すると発表しましたよね。そしてゴーンさんは、二〇二二年までに二〇一六年比で四割多い年一四〇〇万台まで伸ばしたうえで、一二車種の新しい電気自動車

（ＥＶ）を売り出し、世界販売計一四〇〇万台のうち三割をＥＶやハイブリッド車（ＨＶ）、プラグインハイブリッド車（ＰＨＶ）にする計画を発表しました。電気自動車を大胆に増やしていく計画です。今後、日産とルノー、三菱自動車連合で市場展開していくわけですが、特に三菱自動車は世界に先駆けて、家庭用コンセントに繋いで充電できるシステムを発表しているんですね。

手嶋　電気自動車の普及によって、逆転ホームランが可能な自動車メーカーです。

佐藤　そんな報に接しながら、どうしてこんなに電気自動車の開発に躍起になるのだろうかと考えていて、思ったのです。こうしたヨーロッパの動きを、従来のエネルギー戦略、すなわち「できるだけ安く、安定的に確保する」とか、「化石燃料からのシフトを進めて、環境負荷を減らす」だとかの範疇で捉えていたら、彼らの真の狙いを見誤るのではないか、と。ヨーロッパは、もっと高いレベルの国家戦略に基づいて政策を実行に移そうとしているのではないかと、感じるんですよ。

手嶋　それはどんな戦略だと見立てているのでしょうか。

佐藤　ズバリ、エネルギーの、中東とロシアからの脱依存です。自動車の動力源としての内燃機関を終わらせることによってそれを実現するというのが、彼らの描くシナリオなのではないでしょうか。鉄道では、内燃機関は少なくなっています。決して夢物語ではない。一一〇年前のT型フォードで始まったそれを終わらせれば、石油の利用は航空燃料と兵器以外、基本的になくせるのです。

中東から石油を買うと、対価として支払った金が、テロの原資に流れたりもする。ロシアもうっとうしい。けれどそのエネルギー資源に大きく依存する必要がなくなれば、「縁切り」ができるわけですよ。

手嶋　逆に中東やロシアからすれば、困ったことになると思うでしょうね。

佐藤　アメリカもそうです。シェールを掘って儲けようと思っても、ガスも石油も売れない。価格も暴落するでしょう。でも、中国でさえ電気自動車の開発を急速に加速させているのは、中国人がこうした大局に気付いているからではないか、とも思うのです。

手嶋　あと二十年余りでガソリン車とディーゼル車の販売を禁止すると発表しただけで、世界はすでに新たな方向に舵を切って動き出す。その結果、産油国の影響力は急速に低下していく。いま、サウジアラビアで石油エネルギーで潤い、立ちくらみのするほど富を浪費してきた王族が身柄を拘束され、凄まじい権力闘争が繰り広げられているのも、こうした世界の潮流と決して無関係ではないのかもしれませんね。世界地図の見え方もこれまでとは随分と違ったものになるような気がします。「ガソリン車・ディーゼル車排除」というフランスとイギリスの決定は驚きでしたが、「内燃機関を終わらせる」という話を聞くと、歴史的な必然のようにも感じられます。

佐藤　ただ、その進展の地域格差は、露になっていくはずです。アメリカでは、当面ガソリン車がガンガン走り回る状況が続くでしょう。足元に潤沢な石油があるのだから。結局、「南北アメリカ大陸とアフリカ、中東はガソリン車。それ以外は電気自動車」の世界に一新される。これは十分考えられる話だと思いますよ。

ヨーロッパの狙いは、当面は中東、ロシアだけれど、同時にアメリカ離れでもあります。いや。隠れた本命はアメリカかもしれない。

手嶋　ヨーロッパ諸国は、第二次世界大戦の終結以来、超大国アメリカの力をまざまざと見せつけられ、アメリカに正面切って抗うことはありませんでした。しかし、先の章で論じたように、冷戦時代のさなかには、ソ連が西欧諸国を標的に中距離核戦力を配備したことをきっかけに、大西洋同盟に亀裂が入りかけたことがありました。アメリカは自国を核戦争の脅威に曝してまで、西欧の同盟国を本当に守り抜く意志があるのか。これは対米同盟の究極のテーマに他なりません。老練なヨーロッパ諸国は、アメリカという国の底流に潜む「自国優先主義」の恐ろしさを身をもって味わってきたのです。スエズ動乱に際して、超大国アメリカが英仏同盟国に下した冷酷な鉄槌をいまだに忘れてはいないと思います。じつは、ＥＵの中核であるフランスとドイツは、このスエズ動乱を機に欧州の統合に向けて歩みを始めたのです。二度にわたる世界大戦の恨みを乗り越えるきっかけを与えたのは、超大国アメリカの仕打ちだったと言えるかもしれません。インテリジェンスを共有する枠組み「５－Eyes」には、独仏両国はいまだに加えてもらっていません。情報協力の分野でも、「アメリカ・ファースト」の影は見え隠れしています。超大国アメリカの力が衰弱すれば、その引力から離れて、独自の路線をという動きは随所に出てくると考えておくべきでしょう。

佐藤　それを現実のものにできる「武器」を、ついに見つけたということではないでしょうか。

手嶋　それが「脱石油、脱天然ガス」というエネルギー戦略であると。

佐藤　そうです。それだけに、ヨーロッパが実行に移そうとしているこのエネルギー戦略は、すごくリアリティーがあるし、ある意味「怖い」と思うんですよ。

車について付け加えると、結果的にＡＩによる自動運転の分野でも、アメリカは後れを取ることになると思います。どう考えても、電気自動車のほうが、相性がいいですから。「アメリカ・ファースト」で自国民の雇用を守ろうと躍起のトランプ政権ですが、いまのうちから自動車という基幹産業のありようを考えないと、将来相当厳しい状況に置かれることになるような気がするのです。

手嶋　貿易摩擦の解消もいいけれど、エネルギーもガソリン車・ディーゼル車も、買い手がいなくなってしまうかもしれません。

「民主主義が機能している」の前提を捨てよ

佐藤　手嶋さんが触れられたヨーロッパの混乱、そしてアメリカ離れ……。世界は分断の時代を迎えた感があるのですが、もう一つ、ひたひたと進行しているのが「独裁化」だと、私は感じているんですよ。

さきほど、エリツィン政権とブルブリスの関係についてお話ししたのを思い出してほしいのですが、この時、外部にあったブルブリスの影響力を最終的に排除したのが、ワレンチン・ユマシェフという大統領府長官です。彼は、エリツィンの娘のタチアナと結婚しました。この娘はモスクワ大学の応用数学・サイバネティクス学科を出た大変な秀才で、エリツィンの信頼も非常に厚く、政権の後期には夫と組んでいろんな政治的な画策に絡んだんですよ。

手嶋 最高権力者の家族がロシア政局も深く介入していた。これまた、トランプ政権と同じ構図なのに驚きます。

佐藤 そうです。でも世界を見渡すと、最近も同じようなことがたくさん起こっていませんか？ ご指摘のように、トランプ政権では「ファミリー」が幅を利かせているし、北朝鮮でも金正恩の妹の金与正が政治局員候補に抜擢されました。こうした事実から導かれるのは、いま言った「世界が独裁化に向かっている」という仮説なんですよ。

そうなるのには、ちゃんとした理由があります。世界情勢が複雑化、あえて言えば「危機的」になればなるほど、迅速な決定が必要になりますよね。典型的なのは、武力行使を伴う判断です。しかし、民主主義は時間がかかる。選挙によって代表者を選び、審議を尽くして何ごとかを決めていくという議会制民主主義は、危機対応とは相性がよくない制度なのです。良し悪しは別に、乱世に民主主義は向かないわけですね。

手嶋 先日、イギリスのチャタムハウスの会議から帰ってきたのですが、首相官邸があるダウニング街を通って、チャーチル卿に思いを馳せてしばし感慨にふけりました。イギリスのような議会制民主主義を採用している国家は、危機が極限に達する戦争とは確かに相性が良くない。佐藤さんの見立ての通りです。アメリカのような大統領制は、独裁の要素を含んでいますから、戦時の決断は相対的に迅速です。日系アメリカ市民を強制収容した、あのアメリカ民主主義の汚点も、一片のルーズベルト大統領令で強行されました。戦争をめぐる幾重もの障壁を乗り越えて、敗色が濃かった祖国の戦争指導を担い、少なくとも負けなかったチャーチル卿は、いまさらながら偉大だと感じ入りました。

佐藤　こうした状況下では、三権分立の民主主義国家においても、行政権の優位によって危機を乗り切ろうという動きが活発になり、それを国民もある程度容認するようになっていきます。

現在の世界的な危機は、誰が考えても構造的かつ、長期的なものです。このような状況で、「国家と国民の利益のため」という大義名分の下、徐々に独裁が忍び寄ってくるというわけです。

手嶋　北朝鮮という国家は、その典型ですが、世界を見渡してみると「独裁国家」とレッテルを貼れる国々が、確かに数多く存在します。しかし、いまや独裁的な政治手法というのが、決してそうした国々の専売特許ではなくなってきた。他でもない、日本の政治にも知らぬ間に「独裁的要素」は入り込んでいるように思います。

佐藤　そういうことだと思います。この独裁化が加速すると、どこも「王朝」になってきます。王朝の特徴は、権限の強さを必ずしもポストでは測れないということです。むしろ「王様」へのアクセス権をどれだけ持っているか、ダイレクトにアクセスできる人間とつながっているのか――そんなことを指標にしたほうが、権力の実態が正確に理解できると思うのです。

手嶋　いま指摘された「アクセス権」は、キーワードです。政治情報都市ワシントンは、かつてもいまも、最高権力者への距離こそがすべて。ホワイトハウスに近い者こそ、白い犬でも茶色い犬でも、価値ある存在なり――これがあの街を生き抜く鉄則なのです。すでに説明したように、トランプ政権でいまだにバノン前首席戦略官が影響力を持っているのは、トランプ大統領と依然として太いパイプでつながっているからです。

佐藤　わが官邸も例外ではありませんよ。娘や妹ではないけれど。

手嶋　ああ、昭恵夫人ですね。

佐藤　選挙で選ばれたわけでもなく、公職に就いているわけでもない。しかし、なぜかその人物に、この前まで五人もの官僚の〝お付き〟がいた。しかも彼らは、何の権限もないはずなのに、国有地の売買に関して明らかに政策意図を反映したやり取りを、かなりいかがわしい学園の理事長夫人と行っているわけです。トランプや金正恩や、やはり独裁のプーチン政権を笑える話ではないでしょう。

手嶋　森友・加計問題の最大の闇は、そこにあるのですから。加えて、経産省出身の今井尚哉総理秘書官が、総理への「アクセス権」をがっちりと握っている。総理に会って、機微に触れる話をしたい財界人が、官邸での「けものみち」を見誤って、追い返された例はいくらもあります。

唐の時代、楊貴妃は皇帝の寵愛を一身に集めた結果、一族が次々に要職に登用され、楊一色に染まっていきました。その果てに楊一族が唐王朝の危機対応を担うことになったのですが、そこに危うさも生じてしまった。「独裁化」が進むいまの世界も、楊貴妃の時代とさして変わらないのかもしれません。

佐藤　楊貴妃は、「悲劇の美女」みたいな扱いもされますが、時代が下って西太后になるとぐっとリアルになりますよね。でも、やったことはあまり変わらない（笑）。ミャンマーのスー・チーさんも、五年前と評価が一変しましたけれど、人間が入れ替わったわけではありません。

手嶋　それも重要な指摘です。スー・チーさんが変わったのではない。メディアが一方的に創り上げたイリュージョンが崩れていったのです。

そうした事実を見ても、「世界では民主主義が十分機能している」という大前提で考えると、現実政治の実態を見誤ってしまいます。天下大乱の時代には、我々も視点を新たにしなければいけない。

佐藤　そう思うのです。「トランプが常軌を逸している」「北が異常だ」で終わらせてしまうのは、はっきり言って分析の放棄ですよ。「あいつらのやることは、わけが分からない」のだとしたら、我々の従来型の切り口のほうがどこかで間違っているのではないかと考えてみる必要があるのです。

手嶋　大変恐ろしいことではありますが、それくらい謙虚に冷静に、現実の世界を見るべきなのかもしれません。

「偉大な指導者」となった習近平

手嶋　いまや超大国アメリカに肩を並べるような影響力を持ち始めている中国が、今後、国際社会でどのように舵を定めていくか、その動向からはひと時も目が離せません。
　その中国を率いる共産党は、一七年十月に、五年に一度の党大会を開きました。注目されたのが、共産党の憲法とも言える「党規約」に、毛沢東、鄧小平と並んで習近平「思想」が盛り込まれたことでした。これをどう捉えるべきか。日本のメディアには、「従来の『集団指導体制』を無力化して、『習一極の独裁体制』に踏み出した」といった解説が溢れていましたが、焦点がずれているように思います。いま中国で起きている出来事は、そんな平板な論評で掬い取れるようなものではない。
佐藤　習近平の権力欲みたいな話からの分析でしょう。これは違いますね。国際政治が流動化しているなかにおいて、独裁に近いものにしなきゃならないと、中国が生き残れないという危機意識を、習近平を含む中国の政治エリートが共有しているのだと思います。
　確かに党大会では、習近平の新しい指導理念が「習思想」として党の最高規則である「党規約」に盛り込まれることになり、話題になりました。個人の思想が党の指導理念として明記されるのは極めて異例と騒がれましたが、僕は習近平は中国を統合するような理念作りに本質的には失敗したと見ています。前述しましたが、鄧小平でいえば「三つの世界論」を、胡錦濤は「科学的発展観」を中国共産党の指導原理の一つとして掲げることに成功した。ところが、いまだに習近平はこのレベルでの新たな理念を作れていない。

ということは、これからの中国をまとめるためにはナショナリズムを煽《あお》るしかなくなるんです。ナショナリズムを煽るためには敵のイメージが必要になる。その時に標的になるのは、間違いなく日本でしょう。いまでは世界第二位のGDPを誇る中国ですが、いうまでもなく国家の体制は旧態依然としたまま。今後も近代化のプロセスのなかで、日本に敵のイメージを背負わせることはやめられない。ということは、残念ながら、当面、日中関係が劇的に改善することはないということです。

その一方で、中国にとって苦しいのは、今後、日本を敵とみなし、ナショナリズムを煽れば煽るほど、チベット、ウイグルなどの少数民族が反発し、漢族を中核とする中国人との対立が激化するということです。習近平が描く「我々の中国」とは、主に漢民族を中核とする中国人を擬制とする国ですから、彼らは入っていないからです。ナショナリズムを強めればそれだけ、彼らは習近平が描く中国から離反していく。僕は、習近平政権の最大の弱点は民族問題の怖さが分かっていないということだと思います。

一九五六年、毛沢東は、党中央委員会政治局拡大会議で「十大関係について」とされる講話を行っているのですが、この十大関係のうちの一つに「漢族と少数民族との関係」を挙げています。つまり、毛沢東は民族問題がこの巨大な国家を統治するうえで、大きなポイントになることを知っていた。ところが、あれだけ毛沢東を真似していると いわれながらも、習近平は民族問題の重大さが分かっていない。

今後も習近平は、ナショナリズムを煽ることで民心を掌握するというじつにモダンな国家作りをしようとする一方で、壮大な神話をつくりあげて、民族に関係なく皇帝に従うようなある種ポストモダン的な国家を目指そうとするのではないでしょうか。このベクトルの違う二つの方向性を目指すことで、中国は国家として腸捻転を起こしていく。つまり、当面、中国は混乱が続くというのが僕の見立てです。

複雑怪奇なり、プーチンの動き

手嶋　現代の「独裁者」といえば、ロシアのプーチン大統領の顔も、すぐに頭に浮かびます。ここは佐藤さんの独壇場です。「いま、プーチン率いるロシアは北朝鮮に急接近している」といった型通りの報道が多いのですが、内実はより錯綜していて、外側からは容易に窺い知ることができません。メディアが伝えているように、ロシアは「米朝対話」を促しつつ、対北の経済支援を行っているのでしょうか。

佐藤 ひとことで言うと、極めて分かりにくい（笑）。北朝鮮についての基本政策は、恐らく「外交上の駒として使わせてもらう」ということではないかと思うんですよ。ただし、プーチンは、北朝鮮を信用してはいません。率直に言って、面倒臭い連中だと思っているはずです。

手嶋 「敵に殺されるのは仕方ないが、断じて騙《だま》されてはならない」。これはインテリジェンス・オフィサーの世界に言い伝えられている箴言です。ところが、インテリジェンスの帝王たるプーチンが、あろうことか、あの北朝鮮に騙されたことがあるんですね。

佐藤 核開発では、ロシアも煮え湯を飲まされましたからね。かつて六ヵ国協議のロシア首席代表だったアレクサンドル・ロシュコフが、十数時間、金正日と向かい合ったことがあるのです。その時に、金正日が「我々には核兵器を作る能力もなければ、その気持ちもない。そのことを、プーチン大統領からアメリカに伝えてくれないか」と話したので、プーチンはその通りにした。ところが実際には核開発に手を染めていることが明らかになり、大恥をかかされる結果になったわけです。

歴史を遡ると、そもそも北朝鮮は、ソ連共産党の書記長なり第一書記が訪問していない、唯一の社会主義国なんですよ。キューバもアルバニアも訪問している。ユーゴスラビアにも行っている。ところが、北朝鮮には足を踏み入れていないのです。昔から、それくらい手こずる相手なんですね。

もう一つ言えば、一九三七年に、スターリンが朝鮮人を沿海地方から中央アジアに強制移住させるわけです。しかし、五六年のスターリン批判でも、この問題は不問に付されました。当然、帰還も認めなかった。八〇年代、ゴルバチョフになってやっと認めたけども、帰還のインフラは整えていないから、帰っていないのです。事程左様に、朝鮮民族に対する警戒感が強い。

手嶋　なるほど。でも、そんな北朝鮮を手駒に使って、ロシアは何をやろうとしているのでしょうか？

佐藤　外交上、いまロシアが一番重要だと考えている地域はウクライナです。その次が中東。ここでロシアの外交戦略を有利に運ぶためのツールの一つとして、朝鮮半島を考えているのだと思うのです。どう使えるのか頭を捻《ひね》りつつ、ちゃんと生き永らえさせている、というところではないでしょうか。

手嶋　ここでも「ウクライナ・ファクター」ですか。国際政局を見ている我々にとって、ウクライナという地域ほど分かりにくいものはない。ですから、僕もこの地域だけは、直接、出かけていって土地勘を養うようにしています。それで理解がすぐに深まるわけではないのですが、やはりその場所に立って、人々に接してみることは欠かせません。ただ、そのたびにこの地域に対する謎は深まるように感じます。ウクライナ、おそるべし。その説明だったら、一見不可解にしか見えないロシアの言動にも、「ウクライナ」というピースをジグソー・パズルに当てはめてみると、合理的な説明がつくということなのですね。

佐藤　ですから、最も気をつけないといけないのは、「ロシアを巻き込むことによって北朝鮮に影響力を行使できる」などというのは、まったくの幻想だということです。ロシアの眼中には、「個別の局面」しかありません。すぐれて戦術的にしか、北朝鮮を見ていないのです。

手嶋　北方領土問題という棘が、戦後の日ロ関係の喉元に深々と刺さっていることもあって、ロシアが国際協調の枠組みに加わってくれれば局面が拓《ひら》けるという「幻想」が日本側には依然として根強いようですね。プーチン大統領に率いられるいまのロシアに北朝鮮の核・ミサイル危機の打開まで頼るのは危険にすぎます。

アメリカを恐れるロシア

佐藤　ただし、「個別戦術的」だからといって、そういうロシアの行動を軽視するのは危険です。これはロシア人の特徴だと思うんですけれど、かの国は短期的な視点から危険なゲームをするところがあるんですよ。

例えば、一九三九年の独ソ不可侵条約です。ナチスと手を組むなどということは、価値観として絶対にありえないし、ヒトラーの侵略性は十分分かっていたはずなのに、条約を結べば、取りあえずこちらには向かってこないだろう、と。完全に大局を見失っているわけですよ。

背景にあったのは、チャーチルに対する大いなる不信感です。チャーチルは、ソ連とドイツがやり合ってお互い衰弱していけばいいと考えているのだろう、というわけです。結局その「個別戦術」は大きな誤りで、三〇〇〇万人近くが犠牲になるような戦争を導いてしまいました。

手嶋　スターリンほど情報感覚が研ぎ澄まされたはずの人が、イギリスやアメリカからドイツ軍のソ連侵攻計画、「バルバロッサ作戦」を聞かされたのに、信じなかったわけですよね。当時の情勢を見ていて、その点だけはどうしても理解できないのです。二十世紀最大のスパイ、リヒャルト・ゾルゲも擁していたのにと思ってしまいます。

佐藤　つまるところ、「チャーチル憎し」で目が曇ったのでしょう。だから、戦略的な発想ができなくなっていたのだと思うのです。

恐らくスターリンは、イギリスを憎むだけではなく、怖かったんだと思うんですよ。その感情は、いまのプーチンがアメリカに対して抱くものに重なるような気がします。ロシアなかんづくプーチンは、アメリカが憎くて怖いのです。

もともとプーチンは、「ベルリンの壁の崩壊を憎々しく思う」「ソ連崩壊を残念だと感じる」側にいた人です。ちょうど私もソ連にいたペレストロイカの時代、ロシア人たちが昂揚して「本当の情報公開が行われるんだ」「自分たちは自由に発言ができるんだ」という時に、彼はサンクトペテルブルクにもモスクワにもいなかったんですね。どこにいたかというと、解体プロセスにあった東ドイツで勤務していたわけです。そして、

「ソ連の体制はもう駄目になった」と、逆にみんなの不満が集まった九〇年に、サンクトペテルブルクに帰ってきました。ですから、プーチンは、同世代のロシア人たちと原体験が違うんですよ。ちょうど私が、海外にいたために、日本のバブル経済もポストモダニズムも分からないのと一緒です（笑）。

だから、彼自身には、「民主主義の底力」だとかは単なる混乱にしか見えない。ソ連はアメリカの陰謀によって覆されたんだという意識を、いまでも非常に強く持っているのです。

手嶋　僕と佐藤さんとは、それぞれの仕事も、出身地のバックグラウンドも、目の大きさも、まったく違うのですが、バブル・エコノミーの時代に日本にいなかったことが数少ない共通点です。あの時代を懐かしむ人たちに時々遭遇することがあるのですが、共通の体験がないため、この人は何を言っているのだろうと理解が進みません。外からは難解至極にみえるプーチンの胸の内に底流するものが、佐藤さんの解説で少しずつ浮かび上がってくるような気がします。

佐藤　ですから、プーチンの世界観は、基本的に「アメリカにとってのマイナスは、ロシアにとってのプラス」ということになります。それに則って、ゲームを展開しているわけですよ。だって、テヘランのミサイルも平壌のミサイルも、航続距離からするとロシアにいくらでも飛んでくる極めてリスクの高いものでしょう。にもかかわらずイランや北朝鮮を支援するということは、「アメリカのリスク」を過大に評価しているからに他ならないのです。

そういう意味では、対イラン政策と対北朝鮮政策は、さっきの独ソ不可侵条約によく似たところがあるわけです。もし、アメリカとの対立感情がそれほどでもなかったら、ロシアは北朝鮮に対してもっと厳しい姿勢で臨んだのではないでしょうか。そうなっていないのは、「アメリカ憎し」で、プーチンの目が曇っている証左だと、私は思います。いずれにせよ、これが「間違った地球儀外交」であることは、論を俟ちません。

手嶋 「ロシアの対北朝鮮政策を軽視してはならない」。このラスプーチン流の分析を心にとめて、東アジア情勢を読み解いていきたいと思います。

佐藤 一見分かりにくいロシアの対北朝鮮政策を考察する時には、対イラン政策を参考にすべきでしょう。どうして、あんな危険な国と友好関係を維持しているのか？　あるいは、シリアというロシアの価値観とは決して合致しない国に対して、過剰なテコ入れをするのはなぜなのか？　と。そこにあるのは、シリアにアメリカの影響が広がることに対する、形而上的な恐れと言うしかありません。

手嶋　外から見ると、一貫性、合理性を欠いたロシア外交のように映るのですが、じつはすべて「対アメリカ」というモノサシをあてて、発想しているわけですね。

佐藤　しかも、いま言ったように、一種の形而上学だと思うんですよ。こうした対談などもそうですけど、我々はふだん、外交を語る時に形而上学などというものは、思考の範疇に入れないわけですね。外交はリアルですから。ところが、ロシア外交には、明らかに形而上学が影響を与えている、その補助線を引くと、少なくともプーチンがいまやっている奇妙な行動が合理的に説明できるのです。

手嶋　乱世の外交を見る時には、もう一つ思考の幅を広げて、眼前の事象を分析していく必要があるのでしょうね。

佐藤　本当に、面倒な時代になってきたような気がします。

ヒトラーの祖国で独裁化が進む

手嶋　佐藤さんはさきほど、「『時間のかかる民主主義』を嫌気した独裁がいまの世界に忍び寄っている」と喝破しました。それが最も分かりやすい形で現れているのが、いまのヨーロッパではないかと思います。

佐藤　そうですね。ホットなところでは、一七年十月十五日に行われたオーストリア国民議会選挙で、その傾向が如実に示されたんですよ。選挙は比例代表制で、中道右派の国民党が三一・五％、前首相が率いた中道左派の社会民主党が二六・九％、そして極右・自由党が二六・〇％という結果でした。社民党と国民党の連立政権が行き詰まったことを受けて前倒しで実施されたのですが、社民党が後退し、国民党と自由党が伸びました。

手嶋　第一党になった国民党のセバスチャン・クルツ党首は、三十一歳という異例の若さです。移民排斥などを訴えて、第一党の座を得たのですから、そのカリスマ性とコミュニケーション能力はかなりのものですね。

佐藤　そうです。「誰を受け入れるのかを決めるのは、違法業者ではなく、我々だ」といった分かりやすい発言を繰り返して、支持を広げました。国民党のなかでも、かなり右寄りの人物として知られています。実際、外相として、難民流入の経路である「バルカンルート」の封鎖に尽くしたという実績を持っています。

手嶋　国民党は第一党として、躍進した極右の自由党と連立政権を組むことになりそうです。オーストリア政界の基軸はぐんと右に傾くことになります。

佐藤　その自由党が、また問題なんですよ。クリスチャン・シュトラッへ党首は、反イスラム、移民の早期送還などを掲げて選挙を戦い、支持を広げました。ＥＵにも懐疑的な、典型的な極右・排外主義政党です。

手嶋　三十一歳の若き首相、それを連立のパートナーとして支える極右の排外主義政党。そこには、これまでにない独裁色を感じないわけにはいきません。それにつけても移民・難民の大波がいま、ヨーロッパの政治地図をどれほど塗り替えてしまう力を秘めているのか。まざまざと見せつけられる思いです。

佐藤　そう。彼がナショナリズムを煽りまくることで、独裁的な傾向を強める可能性は、極めて高いとみなくてはなりません。おっしゃるように、排外主義的な空気が強まっているヨーロッパで、それを正面から掲げる政権が誕生することの意味は、決して小さなものではないでしょう。

手嶋　今回の政変劇の震源地がオーストリアだけに、ヨーロッパ各国の指導者たちからは、独裁に傾く「中欧の政治地図」に警戒の声が上がり始めています。

佐藤　ナチス・ドイツの独裁者であるヒトラーは、オーストリア出身です。過去の反省もあって、これまで排外主義にはブレーキがかかっていたわけですが、今回の選挙で、それが外れてしまいました。周辺にどんな影響を及ぼしていくのか、注意深く見ていく必要があると思います。

イスラエルは「北朝鮮どころではない」

手嶋　依然として戦乱の続くシリアからイラク、王政に亀裂が入り始めているサウジアラビア、不安定化するヨルダンと多くの地雷原を抱える中東地域にも目配りをしておきましょう。なかでもイスラエルの動向は気になります。北朝鮮の核疑惑を巡って、早くから日米両国に警告のシグナルを送っていたのは、中東のインテリジェンス強国、イスラエルでした。そのイスラエルがこのところ、北朝鮮の動向については、比較的静かにしているのがどうにも不気味です。あの国に太い情報源を持つ佐藤さんはどう見ているのですか。

佐藤　はっきり言って、イスラエルは北朝鮮どころじゃないということだと思いますね。

彼らにとっての敵は、言うまでもなくイランです。ここと の核合意が崩れて、中距離弾道ミサイルのブラッシュアップが図られていくとなると、大変な脅威になる。いままではバッファーとして、イランと関係良好なトルコの存在があったのですけれど、一六年に軍の一部が蜂起してクーデターが企図されるなど、レジェップ・タイイップ・エルドアン大統領は、全面的に当てにはできない感じになってきました。

その結果、自分で自分の身を守るために、いまは非常に危険なゲームを始めています。クルド問題に手を突っ込んでいるんですよ。二〇一七年九月、イラク北部のクルド人自治区で、独立を問う住民投票が実施され、イラク政府や周辺国の反対にもかかわらず多くの人が投票し、ニュースになりました。一連のイラク北部のクルド独立の動きの背後にはイスラエルがいるのです。彼らは、特にシリアで一朝有事の際には、自分たちがクルド勢力をきちんと使えるような形を整えておいて、仮にシリアのアサド政権が不安定化した場合でも、イスラエル、レバノン、ヨルダン、シリアの国境が接するゴラン高原などは、安定を保てるようにしようと考えているわけです。しかし、これは本当に危ういところに手を出しているわけで、逆にそれをせざるをえないほど、自分たちの尻に火がついているような感じがするわけです。

手嶋　これまでは、超一級の北朝鮮関連のインテリジェンスを日本にも提供してくれていたイスラエルのプレゼンスがやや希薄だなあと思っていたのですが、クルド・ファクターが影を落としていたのですね。それほどに、中東情勢は流動化しているのですね。

佐藤　はい。もう一つ心配なのは、エジプト情勢が非常に悪くなっていることです。エジプトには、キリスト教の一派で、独自の教義を持つコプト教徒がいます。このコプト教徒を、リビアから「イスラム国」が攻撃していますよね。アルカイダ系だとも言われているのだけれど。あの攻撃には狙いがあって、エジプトというのは総人口の約一割がキリスト教徒で、そのうちの九〇％、要するに総人口の九％がコプト教徒なのです。このコプトを攻撃すれば、当然、エジプトのシーシー政権は、「テロリストに反撃する」というかたちで、リビアの過激派を攻撃する。そうなったら、「イスラム国」は、国内の比較的穏健なムスリム同胞団の連中に対してキャンペーンを張るわけです。「同胞であるムスリムを殺害して、異教徒のキリスト教徒を守っているのがいまの政権の本質だ」「こいつらは無神論者だ、背教者だ」と。これは効くのです。

シナイ半島には、「イスラム国」の拠点があります。首尾よくシリアとイラクの「イスラム国」の拠点を潰すことができても、エジプトが「イスラム国」化して大混乱ということになりかねない。

イスラエルの立場からすれば、これまた自らの存亡に関わる話になります。そんな状態ですから、いまは近隣諸国との関係で手いっぱい。北朝鮮まで関わる余裕がないというのが、彼らの本音ではないかと思います。

手嶋　では、佐藤さんが早くからイスラム穏健派の「柔らかい脇腹」と見立てていたヨルダンの動向をどう分析しますか。

佐藤　彼らは、ひたすら震え上がっていると思います。空の警備はイスラエルと共同ということになっていますけど、実質はイスラエルに守ってもらっているようなものですからね。そのイスラエルがいま説明したような状況では……。現状は、トランプ政権がイスラエルを擁護する非常に強い意志を持っているので、その「付録」として、ヨルダンも守られている。しかし、中東の不安定さがますます度を深めている状況下では、何が起きるか分からないと考えているのではないでしょうか。

第6章 衰弱化した政権党が主導する「改憲」に勝算はあるのか

支持されて勝ったのではない政権与党

手嶋　安倍政権は、「国難突破」を掲げて、先の総選挙に勝利しました。「国難」の象徴として、挙げられたのは、北朝鮮の核・ミサイル危機です。超大国アメリカが「あらゆる選択肢」を排除せずと攻勢をかけ、「北の核」をめぐる外交ゲームは、当面、米朝を軸に進んでいくでしょう。そうした構図のなかで、日本がどう行動し、国際社会でいかに発言していくのか、ニッポンの未来がかかっています。対馬海峡を挟んで朝鮮半島を望む日本にとって、核・ミサイルの脅威からわが身を守ることができるのかどうか。そのカギを握るのが日本の政治です。

ここからは、世界第三の経済大国の政治の現状がどうなっているのか、日本が主体的に何をなすべきか、について、議論を深めていきたいと思います。

佐藤　その点では、二〇一七年十月二十二日に行われた衆議院議員総選挙の結果から何を読み取るのかが、極めて重要です。

手嶋　選挙期間中から、目にするのは「自公で改憲を発議できる総議席の三分の二に迫る勢い」といった報道ばかりでした。そういう月並みな報道に接するたび、いま日本の最前線で起きている重大な変化をなぜ摑み取ることができないのだろうと、絶望的な気持ちになります。選挙結果の分析も、うーんと唸るような示唆に富んだ記事にはお目にかかれませんでした。その一方で、日本政治のオブザーバーが筆を執った論考は、我々が見逃していた視点が論じられて、じつに鋭い。京都大学法学部のケン・ヴィクトール・ヒジノ准教授の指摘がそれです。今回の選挙を通じて、日本の政党、とりわけ野党は「もはや現実の社会に足場を持っていない」という考察は洞察に満ちていました。日本の政党は、「事実上、政治家が選挙目当てに立ち上げては捨てる『いつでも乗り換え可能な船』となっている」と喝破し、「それらの政党はボトムアップによってつくられたり、コントロールされたりしておらず、そのために社会全体のさまざまな利益を代表したり、一つにまとめたりする能力が弱い。そうした政党は社会から自らを切り離している」と述べています。日本の政治ジャーナリストは、「ヴィクトール塾」に通って、学んでほしいと思います。

佐藤 ケンブリッジ大学で博士号をとり、日本の地方自治などをテーマに研究している若手の有望株らしい言説ですね。彼が指摘するように、いま一番のポイントは、選挙の結果、安倍政権の基盤が盤石なものになったのか、それとも波乱の種を宿しているのか、ということです。それは、獲得議席だけでは、必ずしも測れません。言い方を変えると、結果を詳細に見るならば、議席だけでは見えないものも浮かび上がってくるわけです。

手嶋 そこをつまびらかに分析するのが、本当のプロフェッショナルの仕事なのですが。

佐藤 まず、全体の獲得議席を見ます。自民二八四で変わらず、公明はなんと五議席減らして二九、立憲民主は四〇議席増の五五で躍進、希望の党は七議席減で五〇、日本維新の会三議席減の一一、共産党は九議席減らして一二、社民党二、与党系無所属一、野党系無所属二一——という結果でした。

足し算をすると、自公で三一三議席ですから、三分の二の三一〇議席を超えました。確かに政権与党は勝利したわけですが、第一の問題は、これが国民の支持とリンクしているのか、ということです。

結論を言えば、「政権与党の獲得議席と、支持率との乖離が際立った」のが、あの選挙の結果でした。『朝日新聞』が、投票直前に行った世論調査によれば、内閣支持率は一時より持ち直したとはいえ、三八％。不支持は四〇％ありました。また、安倍首相の続投については、「続けてほしい」三四％に対して、「そうは思わない」が五一％です。半数が「もう辞めてほしい」と答えている首相の率いる与党が、三分の二を超える議席を確保できたのは、比較一位が当選する小選挙区制という選挙制度の賜物に他なりません。そのことは、政党支持率が議席数にリンクする比例区の結果を見れば一目瞭然で、自公合わせた議席割合は、四九・四％に留まっています。

手嶋　ご指摘のように、小選挙区制の宿命で、有権者の支持と実際の獲得議席に大きな乖離が生じてしまうのです。一方で、小党が分立して、政治の意思決定に支障が出ることが少ない。一般にはそう説明されます。

政権党の詳細な分析を試みる前に、各野党の議席の獲得数は、当初のメディアの予想を覆すものとなりました。枝野幸男元官房長官が代表を務め、菅直人元総理大臣、長妻昭元厚生労働大臣ら、民進党のリベラル系前衆議院議員らが参加した立憲民主党がずいぶんと議席を伸ばしました。彼らは、小池百合子東京都知事が立ち上げた「希望の党」

から改憲に前向きではないと「排除」され、合流しない決断をした人々でした。

佐藤　立憲民主党は圧勝と言っていいでしょう。これは、じつは当時の前原誠司民進党代表の決断がもたらしたものでした。民進党幹事長に内定していた山尾志桜里議員の不倫疑惑で、そのまま選挙に突入すれば民進は解散時八八あった議席を、恐らく三〇以下まで減らしたでしょう。そこで、事実上党を解体し、希望の党に合流することで、旧民進党議員の生き残りを図ったわけです。

ところがそこで、前原氏も想定外だった小池代表の「排除」発言が飛び出すわけですね。小池さんが、安保法や憲法改正などで政策が一致しない公認希望者について『排除』はいたします」と述べ、希望の党への民進党からの合流組に保守的な政策の受け入れを迫り、リベラル系を拒むと明言した例の発言です。それで民進党は分裂することになるわけですが、その後、希望への支持は急速に萎《しぼ》み、それを吸収するなどして、皮肉にも「排除」された立憲民主が躍進したわけです。でも、希望のサイドに移った議員も合わせ、旧民進党議員の多くは生き残ったんですよ。

手嶋　なかには復活を果たした議員もいました。さらに民進党系で、選挙に自信のある人たちは無所属で立候補し、比例区での復活がないにもかかわらず、大半が議席を確保しました。

佐藤　そういう意味では、前原氏の目的は達せられたことになります。

当初期待された希望の党は、小池氏の「排除」に加え、側近の若狭勝議員の「政権を獲るのは次の次」といった失言が痛かった。

手嶋　政治家は言の葉で生きもし、死にもするわけですね。

佐藤　わずか三ヵ月前の都議選で、都民ファーストを率いて大勝した小池百合子という政治家の資質、能力が有権者に可視化されたのは、個人的にはいいことだと思うのですが。彼女も、今後都知事としてどれだけリーダーシップを発揮できるのか、鋭く問われることになるでしょう。

公明党の議席を奪った自民の「新自由主義」

手嶋　では、いよいよ政権与党の分析に移りましょう。長らく自民党とパートナーを組んできた公明党は、最近では久しく味わったことのないような敗北を喫し、五議席も減らしてしまいました。民主党が大勝して政権を奪った総選挙を除けば、これほど負けたことはありませんでした。この名うての選挙上手の政党に一体何が起きたのでしょうか。

佐藤　まず、公明党自身の問題を言えば、急な衆議院解散で準備期間が足りなかったのではないかと思うのです。それはどの政党も同じだろうと言われるかもしれませんけど、選挙のやり方には、それぞれ特徴があるんですよ。今回の場合だったら、例えばできたばかりの希望の党や立憲民主党などは、基本的に街頭に飛び出して行って、ガンガンやるしかないわけです。しかし、公明党の場合は、もともと街頭演説で支持を訴えるというスタイルではありません。

それは、支持母体である創価学会という組織の基本形と関係します。ごく簡単に言うと、創価学会は、日蓮の流れに連なる仏教教団です。その日蓮の原点は座談であるという認識を創価学会員は持っています。それが創価学会の活動の基本形になっているんですよ。支部や地区ごとに座談を行い、そのネットワークを通じて組織を拡大、強化していくということなのです。

選挙活動もこのパターンなのですが、座談ですから集まるのは多くても三〇人、四〇人規模になる。そこで方針を徹底するには、時間がかかるのです。それをベースに、一〇〇〇人とか二〇〇〇人とかの集会をやって、そこに友人を連れてきたりして票固めをしていくわけですが、今回みたいな選挙戦だと、創価学会の得意な組織化が難しい。これも一つ大きかったと思います。

ただし、もっと響いたのは、自民から十分な票が出なかったということです。二、三万の票を、自民党の小選挙区の候補に投票する代わりに、自民党候補は比例区では公明党の候補に一部の票を回す。そういうバーターが成立しているはずなのに、実際には機能しなかったんですね。

手嶋　北海道とか、神奈川のように、小選挙区の一部に公明党の候補を擁立している地域では、「比例区では公明党」という呼びかけに加えて、これらの小選挙区で自民党票を差し出さなければいけないのですが、公明党が期待したほど票は出ませんでした。「自民党が実質的にサボタージュしている」と反発する創価学会、公明党の幹部もいたほどです。佐藤さんが指摘する「バーター取引」が十分に成立していなかったのでしょう。創価学会、公明党から聞こえてくる不協和音は、自民・公明の連立政権にうっすらと亀裂が入り始めていることを暗に物語っています。それにしても、いずれは自分の選挙にはね返ってくるにもかかわらず、自民党はどうしてサボタージュに傾いたのでしょう。

佐藤　選挙前の状況が最悪でしたから、今回はどんなに自分に有利な世論調査結果が出ても、個々の議員は不安だったんですよ。みんな比例にも重複立候補していますから、万が一小選挙区で落選しても、何とか比例で復活したいと。この心理が、公明党への支持をためらわせたのではないかと、私は見ています。だから、今回の事態は公明党の組織力の低下というよりも、自民党の個々の議員が「新自由主義化」した結果だということになります。

手嶋　やはり自由民主党という政権党の基盤が一段と脆くなっているのだと思います。そうであれば、とにもかくにも自分だけは落ちるわけにはいかない。個人の後援会組織をフル稼働させて、なりふり構わず生き残りたいと運動した結果なのでしょう。

佐藤　私の仮説を裏付けるのが、比例北海道での新党大地の鈴木宗男氏の落選だと思うんですよ。あと三、四万票取っていれば確実に当選したのだけれど、何が足りなかったのか？

鈴木氏も今回は自民党とのバーターで、小選挙区は自民党議員に推薦状を出したのですが、その仕組みは、やはりうまく機能しなかったわけです。

鈴木氏の権力基盤は、三つあります。一つは、旧北海道五区の時から何があっても

「宗男一本」という「熱烈な支援者」。二番目は、北海道開発庁長官とか、官房副長官、自民党の総務局長をやった時に懇意になった、鈴木氏の政治力に期待する地元の業者のみなさん。そして三番目のグループは、彼が逮捕された後、反検察、反権力という主張に共鳴してファンになった、社会の現状に不満のある人たちです。

で、三番目の人たちは、今回立憲民主党に流れました。これは織り込み済みだと思います。ところが、二番目のところに、今回は自民党が手を突っ込んできたわけです。「どうせなら、新党大地よりも、自民党でしょう」と。それをやられて、票が細っていったわけです。こんなことも、従来なかったことと言っていい。

手嶋　北海道での自民党組織の弱体化は、かなり進んでいます。それだけに自民党議員が抱いていた危機感は相当なもので、「宗男票」を出す余裕などなかったのです。

佐藤　つまり、自民党で個人主義化が進んでいるということです。対公明党だけだったら、何か特殊事情でうまくいかなかったのかとも思えるのですが、やはり選挙協力した鈴木氏の身に同じことが起こったということは、自民党の側の構造変化だと考えて、間違いないでしょう。

手嶋　なかなか鋭い、重要な指摘だと思います。組織としての自由民主党が、広い意味で崩壊過程に入っていると思わざるをえません。今回の自民党勝利のＭＶＰ、小泉進次郎氏が「自民党が支持を受けたとはいえない」と正直に認めているのは、草の根を回った政治家の皮膚感覚なのでしょう。

佐藤　その通りです。

「システムとしての自民党」の崩壊を新潟にみる

手嶋　いま「自民党は崩壊過程にある」と申し上げましたが、これでも言葉を選んで控えめに言っているのです。私は、あの〇九年に民主党が政権交代を果たした選挙以降、「新潟の自民党組織」を一貫してウオッチしているのですが、そこには明らかに構造変化が起きています。田中角栄を生んだ保守王国では、かつて、個人組織だけでなく、「システムとしての自民党組織」が存在していました。それゆえに、戦後日本の最強官庁だった旧大蔵省を動かして、巨額の財政資金を新潟に流し込む仕組みを創りえたのです。いま少し現地のレポートをしてみましょう。

佐藤　ぜひ、よろしくお願いします。

手嶋　四回前の民主党が圧勝した総選挙では、さしもの保守王国新潟でも、自民党は小選挙区で全滅の憂き目に遭います。比例で復活当選を果たす人間もいない惨敗でした。重要なのは、その後に何が起こったのかです。一二年の総選挙では、民主党政権のあまりの出鱈目《でたらめ》さという敵失もあって、自民党はめでたく六区すべてで議席を回復します。しかし、「回復」であって、「復活」ではありませんでした。前回の落選組で自民党の公認がもらえずに引退した議員がいたからです。ここにも自民党組織の崩壊を見ることができます。この時の当選者のうち四人は新人。いま、「魔の三回生」と呼ばれる「バブル当選者」でした。

まあ、具体的な顔ぶれはおくとして、それぞれが「個人商店」を開いて起業した訳です。従来の政党システムが機能して、自民党が議席を奪い返したのではありません。農業政策をはじめとする従来の政策は迷走したまま、自民党員の支持を取り戻せないまま、今日に至っています。新潟自民党の内実は、崩壊と呼ぶしかないのでしょう。

民主党に政権担当能力がまったくないことが明らかになり、自民党の政権復帰が確実視されていた時期に、新潟を幾度も訪れ、かつて保守王国を支えた自民党の県会議員の人たちと長時間話し合ったことがありました。「今度は自民党に返り咲くのでしょうが、地元の自民党は組織と政策を立て直して生まれ変わったのでしょうか」と尋ねてみました。同じ質問を皆さんにぶつけたのですが、誰ひとりとして、自民党が敗北を機に立て直しを図って生まれ変わったと答える人はいませんでした。その多くがますますダメになっていると率直に認めていました。

佐藤　とても興味深い話だと思います。

手嶋　「システムとしての自民党」の復権などまったく進んでいないのです。繰り返しますが、保守王国を支えてきた農業政策を含め、何ら選挙民に訴えるものがないのです。政策なき政党はいずれ衰退していくしかありません——。それが心ある保守派の人々の偽らざる答えでした。

僕は政治家の集まりには行かないことにしていますが、その時は敢えて自由民主党新潟県連の会合に出かけていきました。総勢一〇〇〇人ぐらいの大きな会合でした。集まった自民党員に直接マイクで問いかけてみました。「田中角栄総理を生んだこの新潟でいま、自由民主党は、再生を遂げて、復活しつつあるのでしょうか」と。会場に集まった自由民主党新潟県連の中核をなす人々で挙手する人は誰ひとり、よろしいですか、誰ひとりいませんでした。組織の衰退を象徴する、あの時の寒々とした光景はいまも鮮明に記憶に残っています。

佐藤　自民党の政党システムが生き残っていたのなら、皆こぞって手を挙げたでしょうね。とても象徴的なシーンだと思います。

手嶋　議席を回復したといっても、組織自体は「空洞」だったわけです。かつての保守王国が持っていた政権党の足腰は、もはや望むべくもない。今回、四区で、金子恵美氏が民進党から無所属の会に移った菊田真紀子氏に敗れ、比例区での復活もなりませんでした。夫の不倫疑惑というスキャンダルがあったにせよ、昔なら考えられない完敗です。こうした新潟の自民党組織のありようは、いま自民党組織のそこかしこで進行しているのです。新潟はまさにその象徴と言えるでしょう。

「政治が必要とされる地域」の熱き戦い

佐藤　支持率と実際の各党の獲得議席の乖離の話をしましたが、より具体的に言うと、国民の政治意識に比べて、衆議院議員の数が「右側」に大きくシフトしているんですね。実際の政治意識が、「真ん中」に頂上があって「左」「右」に流れる〝山〟形だとすると、国会の議席数は頂上がずいぶん右に偏っているわけです。

このように、実際の支持曲線、すなわち正規分布と議席数のそれに大きなズレのある時には、いろんな意味で政治が揺れやすいわけですよ。何かあったら、すぐにマスコミも大騒ぎする。正規分布と議席数の〝山〟が重なっていたら、夫の浮気ぐらいで比例の復活当選も叶わないようなことは、起きないはずなのです。そういう意味では、今回、新潟四区では、正規分布に近い結果が出たということがいえるでしょう。

ところで、今回の選挙で新潟県に比較的近い結果になった地域が、あと二ヵ所ありま す。北海道と沖縄県なんですよ。ここは政治がすごく活性化していて、面白い選挙でした。

沖縄県を見てみましょう。選挙結果を伝えるほとんどの報道は、四区で自民党の西銘恒三郎が勝利したことで、野党の「オール沖縄」が崩れた、というパターンでしたよね。でもこれは、中央政府と本土の「希望的観測」に過ぎません。

手嶋　「オール沖縄」は健在なりと見ているのですね。

佐藤　私はそう見ています。前回、一四年の選挙はどうだったのか、見てみましょう。自民党は、一区から四区まで、小選挙区は全敗でした。でも、全員比例復活したんですよ。今回どうだったのかというと、小選挙区で負けた自民党候補のうち、比例で復活できたのは一人だけです。結果的に、沖縄選出の辺野古基地移転賛成派が、国会で二人減っているんですね。

比例復活できるかどうかに影響するのが惜敗率（落選者の票数を当選者の票数で割った数値）ですが、これがもう箸にも棒にもかからないほど低かった。「オール沖縄」の牙城を崩したどころか、沖縄自民党の衰退をまざまざと見せつけた選挙だったわけです。

北海道でも、比例区も含めて自民党が苦戦し、立憲民主党が前進しました。

手嶋　佐藤さんには、とても面白い地域を挙げていただいたと思います。北海道は僕のふるさと、新潟は私の国内選挙区の最大の観測ポイント、そして佐藤さんが深く関わっている沖縄。この三つの地域は、一般的には経済的に遅れているとか、利権がはびこるとか、あるいは旧社会党などが強い左がかった地域だとか言われていて、そういう特殊なところだから、自民党が苦戦したという論評があります。

しかし、それではあまりにも凡庸な見方と言わざるをえません。沖縄、北海道、新潟は、高度成長期には比較的財政力があった地域です。国から集中的にお金が投入され、農業政策をはじめとした政策的なフォローも、しっかり行われていた。

佐藤　裏を返すと、この三地域というのは、本当に政治が必要な地域と言えます。だから、選挙における選択は、「何となくこれでいいわ」とか「面倒くさい」とか「ミサイルが飛んできたら怖いから、やっぱり自民党かな」とか、そういう簡単な選択にならないのです。「生活を何とかしてもらいたい」という非常に切実な思いが、投票に込められるわけですね。なので、他の地域とは、ちょっと毛色の違う結果にもなる。

手嶋　そうですよね。また新潟の話をすれば、米作をはじめとする農業の最先進県ですから、ちゃんとした政策があれば、世界に通用する農業が展開できるはず。

佐藤　勝てる農業になるはずなんですよね。

手嶋　そうです。ところが、そういうふうになっていない。そうした現状に対する単なる反発を超えて、「もういまの自民党にはまったく期待できない」というところまで、地域の現場は来ているわけです。

そうした実態を仔細に分析してみると、「与党が圧勝」という現象だけ眺めていても、民意の本質は少しも見えてきません。例えば、いまの三つの地域で起こったことを「例外」と見るのか「象徴的な出来事」と捉えるのか。今後の日本の政治を見ていくうえで、重要な試金石になるように思います。

佐藤　そこはポイントですね。

「憲法改正」の夢と現実

手嶋　総選挙の「勝利」で誕生した第四次安倍内閣の掲げる最重要課題は「憲法改正」です。政治メディアは「政権与党で三分の二を超える議席を確保したことで、改正論議が一気に加速する」と報道しています。しかし、有権者の多くはそれほど単純に「憲法改正」を考えてはいないと思います。それは、改憲反対派のことだけではありません。改憲推進派のなかにもお手軽な「加憲」に難色を示している人々がいるからです。

佐藤　そう、いまの状況はそんなに簡単ではありません。

手嶋　そもそも「連立与党が——」と言っても、自民党と連立を組んでいる公明党と、野党の希望の党の、どちらが有事に国家の武力行使に対して「積極的」か。明らかに後者です。与党に身を置きながら、「憲法改正」に慎重な公明党、とにもかくにもいまが好機と考える希望の党。すでに無視できない位相の逆転が生じ始めています。しかし、そうした「政界の星座」も、改憲派の小池百合子都知事が、希望の党の代表を投げ出してしまったことで、一層、分かりにくくなってきました。

佐藤　改憲に積極姿勢の議員は、希望の党以外の野党にも、多くいます。

手嶋　どうしても憲法改正をやりたい自民党は、公明党の頭越しにそうした勢力との連携を模索するかもしれません。そうすれば、長年の連立与党に亀裂が入る可能性があるでしょう。選挙に自信のない議員は「公明党との縁切り」に二の足を踏むでしょうが、その時には、日本の政治は一気に流動化するはずです。

そもそも、いまの段階では肝心の「憲法改正」の中身がいま一つはっきりしません。安倍内閣が順風満帆だった一七年五月三日の憲法記念日に、安倍総理は『読売新聞』のインタビューに応じ、「憲法九条に自衛隊を明記する」といった内容の独自の改憲案をぶち上げました。九条の一項、二項の規定はそのままにして、新たに自衛隊の存在を書き込む。いわゆる「加憲」の一種です。しかし、保守勢力の、あえて言えば「心ある」人たちのなかには、「それでよろしい」という人に、私は会ったことがありません。

佐藤　僕もありません。

そもそも、「戦力の不保持」などの規定はそのままに自衛隊を明記するというこの「加憲」は、公明党案と言ってもいい内容です。しかし、安保法制、公明党の言う平和安保法制が成立した、すなわち解釈改憲が行われたことによって、「加憲」は必要なくなったというのが、公明党のスタンスです。表向き「憲法改正論議自体に反対するものではない」「まずは自民党内で議論を重ねて、党としての結論を出してほしい」と述べてはいるのですが。

「著作権者」が半ばやる気を失っているものを、いまさら持ってくるというのも、〝締まらない〟話ではあります。公明党も、当然エンジンはかかりにくいですよね。

手嶋　「憲法改正」に向けて、政権与党の一翼を担う公明党の存在意義は、やはり決定的に大きいと見なくてはなりません。選挙はすべてを変えてしまう――。そんな箴言が政界にありますが、総選挙で議席を減らした公明党、その支持母体である創価学会が、加憲の「著作権者」を返上する事態もなしとしませんよ。

いま指摘のあった安保法制、公明党のいう平和安保法制ですが、佐藤さんは「解釈改憲」だと見立てました。私はより正確に「〝言の葉〟解釈改憲」と言いたいと思います。

佐藤　議論が進むなかで、安倍政権が当初目指していた「解釈改憲」に、固いタガが嵌められてしまったということですね。その役割を果たしたのが、誰あろう公明党でした。

手嶋　ごく簡単に経緯を振り返っておきましょう。

そもそも「集団的自衛権」というのは、日本と密接な関係のある外国が武力攻撃を受けた場合に、日本は直接攻撃を受けていなくても、武力をもってその攻撃を阻止する行為を指します。個別的自衛権だけではなく、こうした集団的自衛権を保持することは、主権国家として当然の権利とみなされるわけですが、日本政府の内閣法制局は、「個別的自衛権は認められるが、集団的自衛権は、憲法第九条で認められた自衛の範囲を超えるものであり、許されない」という立場を崩そうとしませんでした。

しかし、安倍内閣は一四年七月に、こうした憲法解釈を変更し、「現憲法下でも集団的自衛権の行使は可能だ」という見解を閣議で決定し、一五年九月には、安保法制が成立したわけですね。

こうした説明をすると、日本でもようやく主権国家が当然の権利とする集団的自衛権が認められ、世界基準に近づいたと思われるかもしれません。が、現実は「さにあらず」なのです。実質的には、集団的自衛権と個別的自衛権の重なる「グレーゾーン」を、一応、「集団的自衛権」と呼ぶことにしたにすぎません。例えば、自衛隊の艦艇と米軍の艦艇が並走しているところに、隣の米軍の艦艇が攻撃を受けた。これに応戦する行為は、「集団的」「個別的」のどちらともとれる「グレーゾーン」なのですが、それを集団的自衛権の行使だと規定したにすぎないのです。国際基準の集団的自衛権とは、日米同盟の文脈で言えば、アメリカ領であるハワイ・真珠湾の太平洋司令部が第三国の軍隊に攻撃された時に、日本の海上自衛艦隊が救援に駆け付けるケースを想定しているのですから、両者の違いは歴然としています。

佐藤　集団的自衛権の行使は、政権の当初の目論見《もくろみ》から外れて、ごくごく狭い範囲に押し込められてしまった。のみならず、むしろ狭められた側面もあるんですね。

それまで日本政府は、この問題で国内法と国際法の立場を使い分けて対応してきました。例えばインド洋での石油補給とかイラクへの自衛隊派遣を、政府は個別的自衛権で説明してきたわけです。ただしこれは、国際法上は集団的自衛権と解するのが普通なんですよ。

手嶋　苦肉の策ではありますが、永年、外務省の条約官僚は、そうやって国際的な任務を果たそうとしてきたのですね。

佐藤　ところが、一四年の閣議決定を受けて、山口那津男公明党代表は、「外国の防衛それ自体を目的とする、いわゆる集団的自衛権は、今後とも認めない。憲法上、許される自衛の措置は自国の防衛のみに限られる」などと述べました。政権与党の代表がそこまで「解説」するわけですから、むしろ自衛隊は出しにくくなったと取られても、仕方ないでしょう。

手嶋　湾岸戦争で一三〇億ドルという巨額の拠出を行いながら、誰にも感謝されなかったという屈辱の出来事以来、条約官僚は薄氷を踏むように「憲法解釈」の拡大に踏み込んでいたのです。日本のメディアは核心に少しも踏み込めていないのですが、公明党は「〝言の葉〟解釈改憲」で自らの主張を貫いた経緯はきちんと押さえておかなければなりません。

佐藤　まさに公明党恐るべし、なのです。

手嶋　そんな公明党が、選挙で苦杯を舐めながら、安倍自民党が進める憲法改正の神輿を担ぐものでしょうか。果たして思惑通りに事が進むでしょうか。

創価学会に「憲法」ができた意味

佐藤　いま私は、「公明党恐るべし」と言いましたけど、正確には「公明党の支援母体である創価学会が社会的な影響力を強めている」ということなんですね。憲法解釈の拡大を阻止し、集団的自衛権の行使を一部に留める役割を果たしたのは、この公明党の支持母体の「平和主義」だったと言って差し支えないでしょう。ですから、これから始まるであろう憲法改正の議論においても、その動向が大きな影響を与えることは間違いありません。ところで手嶋さん、そんな折も折、創価学会で大変な「出来事」が起きたのですよ。

手嶋　うーん、興味深いなあ。若い頃から神学を研究し、宗教学者の顔も持っている佐藤さんには、創価学会の教義に踏み込んで、その「出来事」の深層を教えてもらいたいと思います。さあ、存分にどうぞ。

佐藤　学会ウォッチャーも含めてほとんどの人がスルーしているのですけど、創価学会に初めて「憲法」ができたのです。正式名称は「創価学会会憲」といいます。

手嶋　不思議ですが、これまでは「憲法」に当たるようなものは持っていなかったのですか。

佐藤　そうなんです。一七年の九月一日に原田稔会長が提案して、満場一致の賛成を得て、十一月十八日に施行されました。

手嶋　不覚にも知りませんでした。佐藤さんが「大変な『出来事』」というのですから、さぞ画期的なものなのでしょうね。

佐藤　要約すると、平和の教団、世界教団なんだと。もちろん国際組織であるＳＧＩ（創価学会インタナショナル）にも適用されて、名称も「日蓮世界宗創価学会」とする、とうたっているんですよ。

重要な部分を引用してみます。まず、平和主義の根底にある歴史認識はこうです。

「第二次世界大戦中、国家神道を奉ずる軍部政府に対して国家諫暁を叫ばれ、その結果、弾圧・投獄され、獄中にて逝去された。牧口先生は、『死身弘法』の精神をご自身の殉教によって後世に遺されたのである」

鍵は、「国家神道は敵だ」ということです。それは軍部政府のイデオロギーに他ならないというわけなんですよ。こういう認識は、日本会議的な神道中心の組織や団体と、教義としてぶつかることになります。

実際の行動については、「牧口先生、戸田先生、池田先生の『三代会長』は、大聖人の御遺命である世界広宣流布を実現する使命を担って出現された広宣流布の永遠の師匠である。（略）日本に発して、今や全世界に広がる創価学会は、すべてこの『学会精神』を体現したものである」と述べ、さらに「池田先生は、創価学会の本地と使命を

『日蓮世界宗創価学会』と揮毫されて、創価学会が日蓮大聖人の仏法を唯一世界に広宣流布しゆく仏意仏勅の教団であることを明示された。そして、23世紀までの世界広宣流布を展望されるとともに、信濃町を『世界総本部』とする壮大な構想を示され、その実現を代々の会長を中心とする世界の弟子に託された」としています。

要するに、彼らは二十三世紀までのロードマップを持っているわけです。いままで、こんなことは言っていませんでした。この「創価学会会憲」に、今後創価学会は拘束されることになります。当然、公明党も、これに反する方向に行けません。

手嶋　こうしてみると、公明党の支持母体である創価学会は、政治的なスタンスが、希望の党などとはかなり違うのですね。

佐藤　率直にいうと、いまの日本の政治状況からすれば、ものすごい「平和ベクトル」「左ベクトル」になるんですよ。そういう「創価学会会憲」をこのタイミングで作ったわけです。

手嶋　なぜ、「世界教団」の方向に舵を切ったのか。東アジアの政局が、そこに反映されているということなのですか。「世界宗教」の主な標的は、膨大な潜在的な信者を擁する東アジア、とりわけ、台湾、中国大陸の沿岸部、香港に至るベルト地帯と考えていいですね。

佐藤　そう。中国では布教が禁止されていますが、いまでも一国二制度の関係で香港とマカオでは、ＳＧＩの活動は認められていますからね。

手嶋　香港とマカオでの活動が認められているというと、じつはそれは伏線で、すでにメインランド・チャイナについても、カトリックと同じようなかたちで進出を開始しているとみていいのでしょうか。カトリックも中国では、当初は「二重カトリック教会」のような変則で徐々に定着していきましたから。

佐藤　私が聞いた範囲では、広州あたりから香港に出張して働いている人たちがいますよね。その人たちがＳＧＩメンバーになった場合には、仏壇や本尊を持って本国に帰って拝むことは黙認されているそうです。さらに、北京大学をはじめ、あちこちに池田思想研究所があって、池田大作ＳＧＩ会長の思想を研究しているんですよ。ですから、これからいろんな変化が起こっていく可能性はあると思います。

さて、そんなふうに創価学会が世界宗教化していく。しかも布教のメインターゲットは、ズバリ中国です。また、台湾と韓国にＳＧＩは拠点を持っている。そうすると、その二つの国と一つの地域との関係を緊張させる方向のベクトルには、創価学会としてはまったく働かないことになります。そういうベースに則って、公明党が動く。その意味するところも、明らかでしょう。日本の憲法改正は、やはり簡単な話ではないのです。

手嶋　そんな創価学会の変貌ぶりを無視したまま、安倍自民党が「憲法改正」に突き進めば、自民・公明の政権与党の連携に重大な亀裂が入る恐れがあります。

佐藤　それも辞さずで、議席の足し算をするのは可能でしょう。でも、その場合に、「ではわが党の二、三万票は引きあげて、他に流します」という話になったら、新自由主義化した自民党は耐えられるでしょうか。

ケネディ対ニクソン、「二重忠誠」の戦い

手嶋　今後の「憲法改正」をめぐる政局の鍵を握る創価学会にそれほど重大な変化が起こりつつあると聞いて驚きました。当の学会の上層部のほかには、その意味を分かっている人はほとんどいないのではないでしょうか。やはり、宗教が政治・社会に与える影響に僕たちはもっと鋭敏であるべきですね。

チャタムハウスを訪れた話はすでにしましたが、その時に「キュー・パレス」で晩餐

会が催され、僕の隣は、エリカ・バッフェット博士というイタリア人宗教学者でした。イギリスのバーミンガム大学で教鞭をとっているのですが、彼女の専門は日本のニュー・レリジョンでした。「あなた方ジャーナリストは、東アジア社会で中国の宗教が周辺国にいかに影響を与えたか、いま少し真剣に分析したほうがいいでしょう」と諭されてしまいました。

佐藤　それは確かに大切な指摘だと思います。

手嶋　様々な宗教が中国を経由して日本に伝えられ、独自の進化を遂げていったのですが、創価学会のような、日本の宗教が、ユニバーサルな存在に変貌を遂げて、東アジアの沿岸ベルト地帯に広がっていくケースは、これまでにあまり見られなかった現象ですね。

佐藤　たぶん、初めてのケースだと思います。

手嶋　日本列島はいわば世界の果て、極東の最東端にあるという地理的な制約もあって、日本初の思想が普遍主義的な原理となって、全世界に広がっていくことは稀でした。アメリカの経済学史の学者から「布教の経験が乏しかったため、日本は自らグローバル・スタンダードを創り出すことが不得意だったと指摘されて、そうかと唸ったことがありました。ビデオテープの世界基準をめぐる「VHS・ベータマックス戦争」で、当時日の出の勢いだったソニーが敗れ去ったのは、そのゆえだったというのです。

佐藤　これは電子機器に限ったことではありません。「オリンピック競技のルール」も、銀行の自己資本比率をめぐる「BIS規制」も、結局、欧米のしたたかな連中にしてやられているのが実情です。

手嶋　そうなのです。日本は普遍的なグローバル・スタンダードを創りだすのが不得手なのですが、新たな憲法を持った創価学会がこの壁を乗り越えることができるのか、興味深いですね。ただ、「本格的に東アジアに出るぞ」ということになると、国家主権の枠組みを超えてしまう。創価学会は宗教団体ですから何とか折り合いがつくかもしれませんが、公明党は日本の政党ですから、従来の主権国家の則に収まるのか、ここが問題ですね。

佐藤　そうなのです。「二重忠誠」の部分が当然出てくるので、それで起こる問題を避けるために、「会憲」の第一一条の四項で、「SGIならびに構成団体および会員は、その活動の推進に当たっては、各国・地域の法令を遵守し、また、随方毘尼の精神を踏まえ、文化および風習を尊重する」と述べているんですよ。その国の法令を遵守せよと強調しています。

手嶋　ただ、わざわざそう言わざるをえないのは、本質的に国家主権の則を超えているからでしょう。イデオロギーに国境はありません。

二重忠誠の問題を戦後の日本は軽く見る向きがあります。しかし、アメリカという世界初の堅牢な「人工国家」でも、一九六〇年にいたってもなお、リチャード・ニクソン対ジョン・F・ケネディの一騎打ちの大統領選挙で、「二重忠誠」は最大の争点になりました。カトリック教徒であるケネディは、バチカンに究極の忠誠を誓うのか、それとも合衆国か、と真剣に議論されたのでした。ローマ法王の指示があれば、アメリカ大統領といえども、従わなくてはならないのでは——と詰め寄られたのでした。

佐藤　その時、ニクソンが偉大だったのは、カトリック問題をイシューにせずに、フェアな戦いをやったことです。だから先につながって、六八年には大統領選に勝利するわけです。まあ、自分はそれでも勝つことができるだろうという、自信もあったんだと思いますけど。

ただし、アメリカの歴代大統領全員のリストを並べてみると、なんとカトリックはケネディ一人なんですね。建国からずっとです。手嶋さんがおっしゃるように、それぐらい二重忠誠の問題は重いわけです。

手嶋　バチカンへの忠誠と、アメリカ合衆国への忠誠。その時に本当に合衆国への忠誠を誓って、ケネディ候補は、合衆国大統領への道を確かなものにしたのでした。

佐藤　普通の人は気づかないけれど、この問題は、日本にもあることはあるのです。例えば、森友学園問題。大阪府の補助金を騙し取ったなどとして詐欺罪で、森友学園前理事長の籠池泰典氏と妻の諄子氏が逮捕、起訴されましたが、籠池さんは、神道教育の小学校をつくろうとしました。その時に「神道は宗教ではありません」と彼は言ったわけです。

じつは、これは戦前の国家神道の考え方で、「臣民の慣習であるから、どんな宗教を信じていようとも神社を参拝しなさい」という理屈なんですね。しかし、あの籠池発言には、批判が生じなかったでしょう。本当は、これは憲法にも違反しているし、「教育基本法」にも違反しているし、とんでもない言説のはずなのです。それが、みんなのなかにすっと入ってしまっている。でも、プロテスタントのクリスチャンや、創価学会員は、そのあたりに非常に敏感にならざるをえないんですよ。

面白いことに、カトリックはそこがクリアできてしまっているのです。じつは、戦前に暁星中学と上智大学の学生が靖国神社に参拝しないで、大問題になったことがあるのです。その時に、バチカンの裁定を仰いだら、「構わない。これは民族の慣習だ」と。だからカトリックの人は、曽野綾子さんにしても渡部昇一さんにしても、何の抵抗感もなくそのへんを一緒にできるわけですね。それは、教義において絶対に誤らないバチカンが、「大丈夫だ」と戦前に宣言しているからなのです。

手嶋　宗教と政治のせめぎあいは、壮大なドラマを内包しているのですね。

佐藤　そう、宗教とは、かくも面白いのです。

与党多数でも「不安定」は続く

手嶋　ダイナミックなテーマから、日本の現実政治に戻ってしまいますが、森友・加計問題でフラフラになりながらも、解散・総選挙に打って出るという安倍戦術は奏功しました。安倍政権はとにもかくにも盤石と言える議席を国会で確保しました。その一方で、本質的な不安定要因も抱えているわけです。今後の政権運営はどうなると思いますか。インテリジェンス能力とは、近未来をぴたりと言い当てることにあり、といいます。佐藤さん、インテリジェンスの切れ味の一端をご披露願います。

佐藤　あまりプレッシャーをかけないでほしいなあ。一つ注目したいのは、現政権がこれだけ大勝ちしたにもかかわらず、すでに党内政局の兆候が色濃く出てきていますよね。選挙に勝った総理大臣は、もっと怖がられないとおかしいのです。にもかかわらず、「次の総裁選では首をいただきに上がります」という人が、複数出てきていることです。

手嶋　石破茂氏、野田聖子さんもそうですよね。

佐藤　河野太郎外相もそうじゃないでしょうか。

手嶋　そして、党内には、選挙の応援に総理を差し置いても来てほしい人、小泉進次郎筆頭副幹事長が控えています。総裁選挙の議員心理はただ一つ。誰が党の顔なら、自分が生き残れるかです。小泉進次郎氏は、最大の「台風の眼」でしょう。

岸田政調会長の名が出てこないのが象徴的ですが、仮にいま挙がった方を「ビッグ・フォー」としましょう。彼ら、この人々は誰ひとり、今度の勝利に奢っていない。「安倍政権が勝ったわけではない」と堂々と発言しています。この時点で政局の幕があがっていると見るべきでしょう。総選挙の勝利は現職総理の政権基盤を強めるのが常ですが、総理の指導力は強まっていません。

佐藤　「魔の二回生」は、「魔の三回生」に進級しましたが、大部分がそのまま残りました。これも立派な不安定要因です。

手嶋　自民党の衆議院議員のざっと半数近くですね。彼らの存在も天下大乱の要因です。議員も三回生ともなれば、選挙基盤がぐんと固まって、少々の逆風には耐えられるのですが、何しろ「魔の三回生」たちです。小田原を選挙区とする牧島かれんさんなど、少数の本格派を除けば、選挙基盤はじつに脆弱です。安倍与党の圧勝と言っても、その内実には「空洞」が拡がっています。

佐藤　ただ、今後の正確な予測はやはり難しいですね。変数が多すぎるのです。選挙前に、一時政権を追い詰めた森友・加計問題ですが、加計に関してはそれほど大きな要因になると思えないのです。開校が認可されましたけど、新たに贈収賄問題などが出てくるようなことがなければ、これ以上大きな問題には発展しないのではないでしょうか。

ただ一方の森友問題は、すでに刑事事件化していて、公判が始まります。恐らくそのプロセスのなかでいろいろなものが出てきますよね。特に安倍昭恵夫人の関与、例の経産省の谷査恵子さんのファクスがどういうプロセスで出てきたのか、あるいはどういったかたちで八億円の土地の値引きが行われたのか？　こういう問題が刑事裁判のなかで出てくると、政権にとってはボディーブローになるかもしれません。

手嶋　暴言とかスキャンダルの類も、急になくなるとは思えません。

佐藤　小池都知事の「排除」という、わずか一つのワーディングで選挙結果がガラリと様相を変えてしまったように、かつてに比べると地雷を踏んでしまった時の被害は甚大です。そういう地雷を政権幹部が踏まないという保証はないですよね。

もう一つ気になるのが、いま現在、異常に上がっている株価です。バブル崩壊後の最高値を付けたりしていますが、いつまでも上がり続けるとは考えにくいわけです。安倍政権は、本質においてポピュリズム政権ですから、内閣支持率に株価がものすごく影響を与えるわけです。

手嶋　逆に言うと、「盤石な自公政権の継続」を材料に買っている向きもあると思います。機能不全に陥り始めているメディアのごく表層的な報道を鵜呑みにしているだけです。投資家のみなさんは心していただきたい。我々がここまでに論じてきた内実をしれば、「それいけ、どんどん」という具合にはいかないでしょう。

さらに言えば、いまの日銀のマイナス金利政策を含めて、大きな経済政策がどこに向かっているのか。納得している人がどれだけいるでしょうか。私がお会いする、これまで心ある経済人は誰ひとりとして、「いまの経済政策に納得している」という人に出会ったことはありません。にもかかわらず、株価だけ上がっている。ここにもまたもう一つの「空洞」が拡がっている。巨大なバキュームは、いつか縮む危険を孕んでいます。

こうして見てくると、佐藤さんの問いかけ、「選挙の結果、政権基盤は強化されたのか」の答えは、やはり残念ながら「ノー」となってしまいます。

佐藤　安倍政権がそこを見誤ると、雪崩を打ったように政治が流動化するかもしれません。

第7章

地政学を語り、「非核一・五原則」へ舵を切れ

キューバ危機、ケネディを救った男

手嶋　「核の危機」といえば、誰もが想起するのが、一九六二年のキューバ危機です。ジェームズ・マティス国防長官はじめ、トランプ大統領を除く、アメリカ政府のすべての核戦略プレーヤーが、北朝鮮の核危機への対応に際して、必ず立ち返るのが、キューバ危機の「原風景」なのです。

佐藤　そうですね、核の時代の戦略的思考はキューバ危機が出発点になります。

手嶋　あの危機の一三日間をケネディ大統領自らが閣議の模様などの会話を密かに録音した「ケネディ・テープ」と呼ばれる極秘史料が残されています。大統領が閣議室の机の下にレコーダーのボタンを隠し、自分が不在の時も含めて、そこで何が語られたのかを録音したのです。カーチス・ルメイ空軍作戦部長らが、大統領のことをあしざまに言っているのを、夜中にひとりで聞いていて、悦に入っていた。いささか根暗の風変わりな大統領でもありました。じつはそのなかに、ケネディ自身が独白をする部分がありま す。録音のなかでも、白眉といっていい重要なくだりです。

核戦争の足音が忍び寄る危機のさなか、大統領が最も頼りにしたのはロバート・ロベット翁でした。朝鮮戦争時の国防長官です。じつはこの人はお父さんのジョー・ケネディの政敵だったのですが、その父親が「困った時には彼を頼れ」と助言していたのです。

佐藤　敵ではあっても、その実力を認める真の公人だったんですね。

手嶋　核戦争の淵に立ったケネディ大統領は、父親の言葉を思い出したのか、深夜、ホワイトハウスをそっと抜け出して、ロベット邸に向かいます。その時のやり取りが、大統領の独白としてテープに残されています。そこには、核の時代のディレンマを象徴する迫真のやり取りが記録されていました。

「私はアメリカ大統領としていかに対処すべきか」と問いかける若き大統領。これに応じてロベット翁は「大統領閣下、まずお伺いしたいのだが、あなたは核のボタンに手をかける覚悟をお持ちか」と尋ねる。しばしの重苦しい沈黙の後、ケネディ大統領は「そうすることが祖国と同盟国のためになるならば、その覚悟はある」と答えたのでした。ロベット翁は「ならば、あなたに授ける策はあるかもしれない」と、最も穏当な「海上封鎖」という策を授けたのです。

佐藤　大統領に究極の覚悟があればこそ、柔軟な戦術も取りえたわけですね。

手嶋　そう、核戦争も辞さないという覚悟こそ、クレムリンから妥協を引き出す糸口になった。まさしく「核の時代の究極のディレンマ」でした。彼らとて地球を全滅させたくはないと思っていたのですから。かくして、米ソの最高首脳は交渉による核戦争の回避を模索していったのです。

「最後の最後には伝家の宝刀を抜く」という覚悟があればこそ、独裁国家の指導者も交渉のテーブルに誘い出すことができる。ここには核の時代の安全保障の本質が比類なき簡潔さで示されています。しかし、戦後の日本はそういう核の時代のリアリティーから、長らく逃げていたのですね。

佐藤　いまの話を聞いて思い出したのですが、私は一九八九年に、キューバ危機の一方の当事者だったニキータ・フルシチョフの息子のセルゲイ・フルシチョフに会ったことがあるんですよ。彼の話では、父親は近未来に世界共産主義革命が実現すると真剣に考えていた。西側との平和共存の下で最終的にはソ連陣営が勝利して世界が幸せになっていくという、一種のユートピア思想、ヒューマニズムがあったわけですよ。

だから、共産主義者でありながらケネディとも共通の言語が見いだせたのかもしれません。人類の幸福という普遍的価値観を、論理の組み立ては違うけれども、あの二人の指導者は共有していたのです。

手嶋　今回、大統領と将軍様にそれがあるのかどうかというのが、最大の問題でしょう。

佐藤　外交は言葉の戦いです。怖いのは、共通言語が見いだせないまま、言葉がエスカレートし、「売り言葉に買い言葉」になることですよね。「アメリカ・ファースト」対「北朝鮮・ファースト」の仁義なき戦い。そうならないという可能性がゼロとは言えないところが、一抹の不安材料ではあります。

地政学を武器に、日本のアピールを

手嶋　ここからは、日本は北朝鮮の核といかに対峙しながら、東アジアを平穏に保っていくための道を切り拓いていくべきか、話し合ってみたいと思います。

佐藤　北朝鮮が対話したいのはアメリカ、日本が「説得」しなければならないのもアメリカです。前にトランプ政権が、アメリカ・ファースト主義に則って課してくる可能性のある、「二つの対日要求」について述べました。

一つは「Let's go together.」とアメリカの先制攻撃に同調するように求めてくること、もう一つは「アメリカ本土に届くICBMの開発を断念すれば、アメリカは北朝鮮と妥協する」というシナリオの受け入れを要求してくることです。当面は、わが国はそのどちらも受け入れがたいことを明確にして、別の形での日米の協調、協働による事態の打開を図るべく、アメリカと交渉を急ぐことが重要。それは言うまでもありません。

そうした日本の国益を損なうシナリオを、もしアメリカが描き始めているのなら、どうやって別のものに書き換えてもらうのか？　あえて申し上げておけば、書き上げてしまった時のことも念頭には置きつつ、日本としての方策を練っていく必要があると思うのです。

手嶋　日本が「Let's go together.」を拒否したら、あるいは、日本を射程に収める中距離弾道ミサイルが固定化される形で米朝が協定を結んでしまったら、日米同盟には修復しがたい亀裂が入ってしまいます。いま安倍政権は対米協調を優先すると言っています。

みなさん呑気に構えていますが、ひとたび「Let's go together.」を拒絶すれば、日本の「アメリカ離れ」を一気に進めてしまいます。日本が日米同盟から意図して離れようとしなくても、日米同盟は結果として劣化していくでしょう。北朝鮮のロケットが我が領空を通過したとも受けとれる発言を防衛大臣がし、何度もJアラートを鳴らしながら、漫然と手を拱いている状況は、同盟劣化の前段階です。はなはだ心配になりますね。

佐藤　その通りです。もしそれを認識しているのなら、いまやるべきは、アメリカに対して「日米は価値観を共有している」という立場を確認することとは別に、地政学的状況の違いをもっと強調することだと思うんですよ。

「アメリカと日本では、地政学的状況が異なる。我々は、地理的に中距離弾道ミサイルの射程に入るのだ」という話を真剣にする必要がある。地政学に関して言うと、例えば韓国も北朝鮮と近いという「地」は同様なのですが、「政」が異なります。同胞を破滅させるようなことはしないだろう、という政治的要素が働きますから。日本は植民地支配の恨みがあるわけだから、状況はまったく違う。その点でも危険なのです。それをトランプに理解してもらう必要があるんですね。

同時に、北朝鮮も含めた世界に対して、「核の開発、ミサイルの開発を即刻やめろ」

ということをもっと声高に、「ユートピアを唱えているんじゃないか」と言われるくらいアピールしていく必要があるんですよ。そうでないと、万が一アメリカが何かの妥協を図ろうとした場合にも、「日本がこれだけ主張しているのに、どうしてそんな話になるのだ」という交渉ができません。

現状は、「完全に日米は価値観が一緒」ということになっていて、それを踏まえて「圧力をかけろ、圧力をかけろ」と言っているわけですから、アメリカからすれば、だったらいざとなったら「Let's go together.」だ、となるリスクが非常にあるわけですよ。

手嶋 同盟国同士の外交も「価値観が一致している」というだけでは成り立たない。英米は血を分けた同盟国であり、とりわけ冷戦期のアメリカとイギリスの連携の強さはよく例に挙げられるのですが、そんなイギリスとアメリカでさえ、厳しく対立した歴史を持っています。

東西冷戦のさなかの一九五〇年代末から六〇年代初めにかけて、空中発射弾道ミサイル「スカイボルト」を巡って、英米同盟に深刻な亀裂が入りかけたことがありました。それゆえ「スカイボルト危機」と呼ばれたのです。両国の対立を何とか回避しようと妥協策を探ったのがイギリス首相ハロルド・マクミランとアメリカ大統領ジョン・F・ケネディでした。英空軍は英米が共同で開発を進めていた「スカイボルト」を対ソ核抑止の柱にと考えていたのですが、アメリカ側は技術開発が暗礁に乗りあげ、開発予算が膨れ上がったため、配備の中止を決めてしまいます。マクミラン首相はアメリカ側の決定に激怒し、大西洋同盟にはかつてない衝撃が拡がりました。キューバ危機が西側同盟を見舞った直後のことであり、両首脳は同盟の修復に機敏に動かざるを得なかったのです。

大西洋をまたぐこの危機は、アメリカ政府が潜水艦発射の戦略核兵器「ポラリス」をイギリス側に提供することで、辛くも正面衝突は免れました。両者の手打ちは、大西洋の真ん中のバミューダ島で開催されました。双方のメンツがかかっていたため、双方の首都では開けなかったのです。核兵器が絡む案件は、親密な盟友の仲も引き裂きかねないことがお分かりいただけましょう。

ひるがえって、今日の日米同盟も、どちらかが、あるいは双方が「自国ファースト」を貫いたら、たちまち綻びが目立ち始めるでしょう。そうした「破綻の芽」をきちんと俎上に載せて議論を尽くし、埋められる穴は埋めておく。これが真の同盟のあり方だと思います。

佐藤　そこのところは、強く意識してもし過ぎることはないと思うのですよ。核搭載可能な中距離弾道ミサイルを北朝鮮が持っていて、その保有をアメリカが容認するというのは、日本にとって「そんなことは、あってはならない」という与件の変化なのです。それに対しては、明確に「ノー」を主張しなければいけない。

懸念材料ばかりで申し訳ないのですが、いまの日本政府の対応を見ていると、なんとなくその与件の変化を曖昧にしそうな危険も感じるわけです。「北朝鮮の中距離ミサイルが固定化されても、それまでと大きな違いはないんだ」「アメリカによる抑止は機能し続けるのだ」と、なし崩し的に事態が進展する可能性が、ないとは限らない気がするのです。杞憂であればいいのだけど。

手嶋　それでは、次元の違う危機になってしまいます。

トランプ政権に大変批判的なイアン・ブレマーという外交戦略家がいます。先日、NHKの比較的長いインタビューを受けていて、興味深いことを言っていました。北朝鮮が保有している核を現実のものとしてアメリカ政府はいずれ認めざるをえまい——。そうした文脈を踏まえて、ブレマー氏は「しかし日米には現に違いがあるのだから、日本は自国の立場を明確にして、堂々と議論すべきだ」と述べていました。これは間接的な安倍総理批判なのです。「首脳同士の関係がいいことは分かるが、言うべきことを言わないのは、真の友情ではない」という言葉には重みがありました。

佐藤　まったくその通りだと思いますよ。

手嶋　ブレマー発言は前段で「現実は現実として認めざるをえない」というくだりは、「アメリカ大陸に北朝鮮のＩＣＢＭが届く可能性が高まっており、その危機はアメリカとしても認めざるを得ない」という意味でしょう。要するに、「日本は主張せよ、しかしアメリカも国益を守るために行動する」。それが彼の言いたいことなのでしょう。

「撃ちてし止まん」の愚

佐藤　一方、対北朝鮮がこういう局面になってくると、保守系のメディアを中心に、「撃ちてし止まん」の論調が、だんだん強まってくるんですよ。すでに一部で出始めていますよね。ターゲッティングは、ほぼできている。撃ち漏らしがあって、反撃のミサイルが飛来するのは、織り込み済みだ。そこは国民の覚悟が求められている……。要するに、「Let's go together.」に乗っかれということです。そうした論調が、これからどんどん増えてくるだろうと予測しておきましょう。

しかし、たとえそれは夢だと言われようとも、「いかにして戦争を起こさないか」というスタンスを堅持して論議を展開する必要が、私はあると思うのです。

手嶋 戦争は何としても阻止する。これがすべての原点です。しかし同時に、戦争を未然に封じるためにこそ、キューバ危機がそうであったように、究極の場合は「核戦争をためらわない」という覚悟も相手に伝えておかなければいけない。これが核の時代を生きる我々の「究極のディレンマ」なのです。

佐藤 その通りです。

手嶋 戦後の日本は、これまで超大国アメリカの核の傘に身を寄せて、ひっそりと暮らしてきたのですが、核兵器をめぐるリアリティーのなかにいま、戦後初めて放り込まれているのです。「撃ちてし止まん」などで済めば、高度な現状分析や深い考察は要らなくなってしまいます。

佐藤 ある意味、キューバ危機の時のアメリカ、米ソの狭間で核を配備されたヨーロッパ。その感覚を、いま我々が持っているかどうか、ということなんですね。客観的には、そういう状況なのだから。遠いキューバなどではなく、すぐ隣に核が配置されようとしていることのリアリティーをもう一度認識すべきです。

リアリティーという点では、「撃ちてし止まん」となった時どうなるか、元外務省の最高幹部だった人から教えてもらった最新のシミュレーションがとても参考になりました。アメリカが先制攻撃をした場合に、北朝鮮が非武装地帯周辺に配置している大砲を一つ残らず潰せるのか。特殊部隊の南進を阻止できるのか。あるいは、地下に隠しているミサイルを全部潰せるのか――。これは不可能です。

手嶋　斬首作戦も同様に無理ですね。僕はパナマの独裁者、マヌエル・ノリエガ将軍の掃討作戦の際、ペンタゴンを担当していました。国防総省の高官は皆、「ノリエガの居場所はすでに押さえてある」と自信満々でした。ところが、ノリエガはまんまと裏をかき、パナマシティーの外国の大使館に逃げ込んでしまいました。ノリエガの周辺に多くのスパイを送り込み、おびただしい情報を入手しながらも、ノリエガの身柄をすぐには押さえることができませんでした。北朝鮮でどうやって独裁者の居所を正確につかむというのですか。

佐藤　例えば斬首作戦で上陸したにもかかわらず、すぐに首を取ることができなければ、北朝鮮は宣戦布告と見なしますから、ソウルを先制攻撃するわけですよね。これも一応、自衛権の行使にはなりますから。

そうすると、二日でソウルが落ちて三五万人が死ぬ。二ヵ月で米軍が北朝鮮全域を占領するんだけれども、その間に、掛ける数倍の死者が出る。ざっくりと言って二〇〇万人以上が死ぬことになるんですよ。太平洋戦争における日本軍の死者が、餓死者も含めて陸海で二三〇万人です。広島、長崎、東京大空襲、沖縄地上戦を含めて、死者は三一〇万人。ほぼそれに匹敵する死者の出る戦争が、すぐそこの朝鮮半島で起きるということです。

いまのシミュレーションには、核戦争は想定されていません。もし、破れかぶれになった北の核が爆発する、あるいは操作ミスで暴発した。そんな事態も含めて朝鮮半島で核が爆発することがあるならば、やはり経済拠点を北東アジアから、どこか別の場所に移転せざるをえなくなるでしょう。

手嶋　恐らく、そうなりますよね。

佐藤　あえて「怖い話」を付け加えておきましょう。北朝鮮は、自らの核保有を「抑止力を保持するためだ」と述べています。ただ、前にお話ししたような「かくて神風は吹く」的な精神状態も含めて、「暴走」の危険性がゼロではないことも、考えておく必要はあると思うのです。

彼らは、一六〇キロトンと推定されるような核実験をやりました。強化原爆か水爆か分かりませんけど、かなりの規模のものをつくろうとしていることがうかがえるわけですね。でも、北朝鮮はそれを運ぶ「運搬装置」を持っていないんですよ。にもかかわらず、そんな危険なものを作る国は、他にないのです。イランですら、まずシャハブ3（中距離弾道ミサイル）の開発を先行させて、それから核兵器本体の開発を進めました。

運搬装置がないということは、事故により自国でそれが爆発するリスクを黙認していることを意味します。「核開発の文法」に反することを、平気でやっているんですね。我々の考える「核抑止力」とは、違う次元でものを考えているのかもしれません。

その点、イランと似ていなくもないですね。彼らには、基本的に抑止の論理が通用しません。アフマディネジャド前大統領が出てきた時、彼は「イスラエルを地図上から抹消する」と宣言しました。それが、どうも単なるプロパガンダではなく、本気だと言われているのです。いざという時には、「お隠れイマーム」という宗教指導者が現れて、敵の核は阻止してくれると、本気で考えているらしいのです。そうなると、抑止は機能しません。

手嶋　つまり、従来の伝統的な核戦略のプロフェッショナルたちは、核の抑止という文法の下で方程式を解こうとするのですが、それでは説明ができない新しい事象が現に出てきているのです。北の将軍様も、トランプ大統領も、過去の文法で解釈することのできない異形の指導者なのです。だから、解くべき方程式が、より複雑になっている。

佐藤　ちょっとメタなレベルで、一次元、次元が上がった感じがします。

短期的課題と中長期的課題を分けよ

手嶋　危機の打開に向けて、友人としてアメリカに対して言うべきことは言う。そのためには、日本という国家がいかなる舵取りをするのか、どんな展望を持っているのかが決定的に問われることになります。

佐藤　私は、「短期的な展望と中長期的な展望を分ける」思考が、非常にいま大事になっていると感じるんですよ。中長期的なほうから言えば、言うまでもなく核廃絶です。これを絶対に実現しないといけない。

手嶋　眼の前の悲観的な現実に打ち負かされ、目前の危機に怯えるあまり、その究極のミッションを忘れてはなりませんね。

佐藤　現実的に、どのようにそれを実現していくのかという、目的論からスタートしなければいけない。その難しさは言うまでもないのだけど、私は「天然痘撲滅」が先例になると思うんですよ。我々は、子どもの頃、ワクチンを接種しました。しかし、いま種痘をする子どもはいません。「研究」を目的に厳重に管理しているＷＨＯ（世界保健機関）とアメリカとロシア以外にウイルスがなくなった、要するに地上からなくすことに成功したからです。

天然痘根絶計画がＷＨＯで可決されたのは、一九五八年です。感染力、罹患率、致死率が極めて高く、治癒しても顔に瘢痕を残すことから「悪魔の病」とも言われたこの病気は、世界の医療機関の協力、きめ細かな撲滅作戦を遂行した結果、八〇年に根絶が宣言されたのです。目に見えない自然界の脅威を消し去ることができたのだから、やる気になれば、核を封じ込められないはずがないと私は思っています。

「中長期的」と言いましたけど、それは「とりあえず目先のことが片付いてから」という位置づけの課題ではありません。認識すべきなのは、いま兵器の多弾頭化が始まっているということです。北朝鮮やイランのような国が、核の多弾頭ミサイルを持ったり、あるいは「イスラム国」のような勢力にそれが渡ったりすると、冗談ではなく偶発戦争によって人類が全滅する可能性すらあるわけです。核廃絶を「夢物語だ」と思っている人には、ぜひそこに目を向けてもらいたいんですよ。

手嶋　核兵器もどんどん「進化」していきます。核廃絶への道を早く確かなものにしなければ、我々はいつ不治の病に冒されるか分からないのです。これがいまの世界なのです。

佐藤　何度も言いますが、北朝鮮がいま、極めて危ないゲームに浸っているわけですね。これ以上、彼らの核戦略を暴走させないというのは、日本の至上命題なのです。一方で、短期的には、アメリカと迅速かつ粘り強く交渉を重ね、日本の地政学的立場の理解を求め、有効な対北朝鮮政策を実行に移すことです。ただ、現実には「アメリカが北朝鮮のＩＣＢＭ開発を断念させることで妥協する」というシナリオが記される可能性の高いことを、やはりリアリズムとして織り込む必要があると思うのです。

手嶋　最悪の状況をこそ想定し、それに備えておけ――。これは戦略の要諦だと言われますが、佐藤さんは最悪の想定から出発して戦略を練っているのですね。

佐藤　確かに私は短期的には悲観論者です。でも、だから終わりではありません。「あ あそうですか」というわけにもいかない。そこから始まる外交があると、私は考えているんですよ。すなわち、米朝の妥協という冷厳な事実を甘んじて受けたうえで、では、新たな日米同盟を考えようと。具体的には、我々も銃の引き金を引くことができるという環境下での、核抑止の実現です。そういうふうに、短期的には北朝鮮とお互いの額に銃を突きつけつつ、状況の打開を図っていくという構図に、持っていく必要があると思うのです。

手嶋　佐藤さんはいま、とても重要なことをさらりと言いましたね。ＩＣＢＭの凍結が米朝間の合意のシンボルになる可能性を踏まえたうえで、その場合には一時的にそれを認めたとしても、代わりに核抑止力の強化を勝ち取る。具体的には、アメリカとの「核シェアリング」を構想しているのですね。

佐藤　はい、そうです。

手嶋　なるほど。確かに現状では、アメリカが日本との核シェアリングを認める可能性はほぼゼロです。しかし、そのような状況になったら、理論的には交渉が成り立つかもしれない。

佐藤　だからこそ、ただ「北への圧力」などという前に、アメリカに対して、地政学も含めた日本の立場を納得するまで説明し、「ＩＣＢＭについて北朝鮮と妥協するのは、日本に多大な譲歩を求めることなのだ」という事実を、骨の髄まで分かってもらう必要があるわけですよ。それがあってこそ、「日本にとって、大変な与件の変化があった、今後ともアメリカを本当に信頼するために、核シェアリングをお願いしたい」という論理で交渉することができるのです。

手嶋　奇抜な構想ですが、確かに「一つの選択肢」になりうることは認めましょう。

「非核一・五原則」という選択

佐藤　「核抑止」といっても、日本の核武装ではない、ということを最初に申し上げておきたいと思います。

倫理的にどうこうとかいう以前の問題として、日本の核武装というのは、本当に非現実的な議論です。まずNPT（核拡散防止条約）体制下の非核保有国は、「自前の核兵器を持ちます」と言った瞬間に、ウランを供給国に返却しなければなりません。供給も途絶えます。核開発の前に、原発の稼働ができなくなるんですよ。資源を持たない日本が原発抜きでやっていけるなどというのは、お伽噺《とぎばなし》というしかない。

また、仮にNPT体制が崩れて、どこかから核開発用のウランを輸入できたとしましょう。でも、原発から出る放射性廃棄物の最終処分場すら決まらない国の、どこで核実験をやると言うのでしょう。「広大な土地」といえば、北海道が思い浮かびます。果たして、北海道知事や住民が地下核実験を受け入れるのか。そうやってリアルに考えてみれば、いかに「荒唐無稽」な話かが分かると思うのです。

手嶋　戦後アメリカの黙示の安全保障政策は、日本とドイツに核を単独で保有させないことにある――。日本の核武装論者は、この現実に目を向けていません。北朝鮮ではなく、アメリカと対峙するのでしょうか。

佐藤　それを前提に「日本の核」を考えていくと、行き当たるのが「非核三原則」です。核を「持たず、作らず、持ち込ませず」という国是ですね。

手嶋　「非核三原則」がどういうものだったのかといえば、ひとことで言えば、日米同盟が生き残っていくためのフィクショナルな要素を含んだ「大仕掛け」の修辞だったわけです。それは、被爆国日本が、核兵器を拒みながら、同時にアメリカの核の傘によって一応守られているという仕組みなのです。冷戦期のリアリティーに応じたニッポンの発明品です。外交当局による一級の発明でした。

佐藤　その通りです。

手嶋　すぐれて日本的な原則なのですけれど、問題の核心は「持ち込ませず」です。これは他者の行為ですから、はっきり言って分からないわけです。冷戦期の日本の野党は国会で舌鋒鋭く政府を攻め立てました。「実際には持ち込まれているのではないか」と。それに対する政府答弁は決まっていました。「日米安保条約には、事前協議がうたわれている。もし持ち込まれるのなら、事前にアメリカ側から話があるはずであり、事前協議の提起がアメリカ政府からないのだから、核兵器は日本国内に持ち込まれてはいない」というものでした。戦後一貫してこの紋切り型の答弁で乗り切ってきたわけです。

実際には、アメリカ政府は全世界にある米軍の核兵器の所在について、「肯定も否定もしない」というNCND（Neither Confirm Nor Deny）政策を堅持しているにもかかわらずです。日米安全保障における神学論争のエッセンスはここにあり、なのです。

ただしかし、冷戦の終結、北朝鮮の核開発と、当時とは核をめぐる状況が一変した現在、ご指摘の通り、新しい方向に踏み出すためには、これを見直す必要が出てきているわけですね。

佐藤　そういうことです。二〇一七年九月に、自民党の石破茂元幹事長がそれに言及したのですが、自民党内からも強い反発の声が上がりました。でも、議論は堂々とするべきです。

手嶋　いま議論を尽くすべきは、核兵器を「持たず、作らず、持ち込ませず」という三原則のうち「持ち込ませず」について再検討し、外すことによって日本の核抑止力が高まるのか、徹底して議論を尽くしてみるべき時です。

ちなみに石破氏も、「三原則のうち、『持ち込ませず』についてもう少し可能性を広げて検討し、議論してみるべきです」という立場です。

佐藤　ただ、じつは「持ち込ませず」を外した「非核二原則」でも、不十分だというのが私の考えなのです。さきほど手嶋さんが指摘されたように、アメリカ政府は核兵器の所在について否定も肯定もしないＮＣＮＤ政策を取っているのですから、じつはそれだけでは現状と変わりません。また、米軍が具体的に核兵器をどこに「持ち込んだ」のかを相手国が知らなければ、抑止力にならないと考える人も出てくるからです。そこで、さらに一歩進めたのが「非核一・五原則」なんですよ。

手嶋　日本は核を「持たず」の部分を、半分にするという議論ですね。

佐藤　そうです。さきほど議論したように、アメリカの核を日米でシェアするわけです。

具体的なイメージとしては、核を搭載したアメリカの原子力潜水艦に自衛官が乗り込むとともに、内閣総理大臣が核ボタンを持つ。ただし、そのボタンは、アメリカ大統領が同時に押さないと核ミサイルが発射されない、という性格のものではありません。

手嶋 日本の総理は、核の単独発射の権限を同盟国のアメリカから委ねられる、ということに大胆な問題提起ですね。

佐藤 そうしないと、日本が抑止力を持つということにはならないのではないでしょうか。いろんな問題を潰していくと、そこに行き着くというのが、私の考えです。とはいえ、我々には、唯一の被爆国民であるという国民感情があります。原潜の寄港、ましてや核を積む潜水艦の基地となると、合意を得るのも大きな困難が予想されるでしょう。安全保障に携わる政治家や官僚は、現実的なシミュレーションをしなくてはならない時機に至っていると思うのですよ。

被爆国日本だからできること

手嶋 前に、Jアラートがもたらす災厄について論じました。ただし、あの「騒動」は、長期的にみれば意義があった、と後世の史家は記述するかもしれません。すなわち、冷戦が終わり二十一世紀を迎えた現在もなお、核の脅威から自由ではないことを、メディアも含めて、日本人が初めてリアリティーをもって認識する機会を得たからです。

戦後一貫してアメリカの核の傘にひっそりと身を寄せ、核の時代が抱える究極のディレンマから目を背け、事実上の思考停止に陥ってきた日本は、これを機に厳しい現実と向き合わざるを得なくなるでしょう。

佐藤　必然的に、そうなっていくと思います。

手嶋　そうした時に、さきほど佐藤さんが言われた、短期と中長期の課題を明確にして、かつリアリティーをもって考えていくというのは、論点を整理するうえでも大切なことだと思います。

短期的には、自分たちも参加して戦争を「抑止」していかなければならない。では、日本の立場でどう行動していくのか。

同時に、中長期的な核の廃絶を考えた時に、日本ならではのアドバンテージと責務があると思うのです。日本には広島、長崎があるからです。かつ、非核保有国として国連の安全保障理事会の非常任理事国でもあります。核の問題について、広い連携の中心になり、活動の主導権を握れるスタンスにあるわけですね。眼前の北朝鮮の核問題も、そうした日本の立ち位置をもう一度確認したうえで、見つめ直すことが大事かもしれません。

佐藤　それが一つの結論なのではないでしょうか。我々が考えなければいけないのは、あくまでも現実的核廃絶論、現実的抑止論なんですね。日本の外交のなかで一番弱いのはそういうリアリズムなのです。

リアリズムには、別の切り口もあります。一つは近代的なリアリズムです。目の前にある現実をちゃんと見据えること、いたずらに理想主義に走ってはいけないということです。もう一つは中世的な、よく実念論と訳されるリアリズムがあります。目には見えないけれど、そこに確実にあるものを信じて目指していくわけですね。

現実的な目に見えるリアリズムにおいては、核抑止の強化をきちんと考えなければいけない。もしかすると、北朝鮮の口にする抑止論は、我々とは概念を異にするものなのかもしれません。しかし、我々には日米同盟による抑止力強化以外、手に持つカードがないというのが、リアルな事実なんですね。である以上、それをどう使うのが最も有効なのかを考え、実行していくしかないのです。

一方で、中長期的な、目には見えないけど確実にあるリアリズムとして、核廃絶を希求していく。その際、我々には、それを主張する道義的な根拠として、手嶋さんがおっしゃった広島、長崎、すなわち唯一の被爆国であるという、これもリアリズムがあるわけです。

逆に言えば、先制攻撃に参加しろ、核武装せよという人たちは、広島、長崎を見ようとしないわけです。同時に、広島、長崎の原点に立ち返ることが、じつは現実の国際社会が核抑止によって成り立っているという事実を再認識するものであることを理解しようとしない人たちもいます。そういう意味で、我々はハイブリッドな思考を持つ必要があるのではないでしょうか。

手嶋　重要な指摘ですね。

佐藤　特に「北朝鮮の核」というようなシビアなテーマを考察する時には、あらゆる偏見から離れたところでものごとを見ていくということが、決定的に重要です。そうすると、やはり核抑止のリアリズム、日米同盟の重要性、非核三原則を金科玉条とすることの限界といった課題が浮かび上がってくるように思うのです。

いずれにせよ、我々は、人類が滅亡する方向に、一ミリたりとも歩を進めてはならない。それは、かつて全世界を敵に回して戦った結果、悲惨な結果を我々自身のみならず、親しき周辺国にもたらし、いまや大国となった日本の責務だと思うんですよ。

手嶋　特に政治家のみなさんは、口先だけではなく、そういう認識と覚悟を持ってもらいたいと思います。

佐藤　さっき、「北朝鮮と額に銃を突きつけ合う」という表現を、あえてしましたけれど、その結果、抑止が機能するようになれば、米朝や日朝の関係は、緊張を保ちつつも新しい段階を迎えるはずです。具体的には、経済も人的交流も進んでいくわけです。

そうした状況下で経済関係を底辺から強化することは、「北の核開発を促進する」というのとは別の効果を、二つ発揮するでしょう。

一つは、北朝鮮国内の民衆が、権力に対して「面従腹背」になることです。配給ではなく、自分たちの労働によって自分たちの生活の糧を得られるシステムが定着すれば、独裁者の顔色をうかがう必要は薄れるのです。独裁者としても、その意向は無視しにくくなります。結果的に、核は持っていても使うことが難しくなってくるわけですよ。

例えば、ソ連のゴルバチョフだって、一種の独裁者でした。当時のソ連の秘密警察ネットワークは、北朝鮮の比ではなかったし、軍も強かった。イデオロギー教育においても、北朝鮮はあまりに荒唐無稽で国民の腹に入ってこないのに対し、ソ連のイデオロギー教育はそれなりに質が高かったわけですね。いまだにロシア人のなかにソ連的な大国主義的な発想があるのは、ソ連時代のイデオロギー教育の成果と言ってもいいのです。

にもかかわらず、部分的に市場経済を入れたことによって、社会は劇的に変わってしまいました。国民が自らの欲望を実現できる環境が整うにつれ、独裁体制は弱体化していったのです。

手嶋　「支援」ではなく、経済交流を実現するのがポイントですね。そのためにも核抑止が前提になるという論理は、説得力があります。

佐藤　二つ目のメリットは、徐々に日本やアメリカとの相互経済依存性が強まることです。すると、北朝鮮が日本を攻撃する合理性がなくなってくる。それをやると、自身の経済にとっても痛手になるからに他なりません。

そうした環境を整えつつ、東アジア地域の核廃絶について日本がイニシアチブを振るっていく——。決して夢物語ではないと、私は思っているんですよ。

手嶋　そこに至るまでには、いろいろな苦労や危険が伴うと思います。しかし、核のディレンマに身を投じた我々は、自らの責任で東アジアの核問題を解決すべく、歩を進めなくてはなりません。

佐藤　いまの日本の論壇では、「勇ましいほうの人」たちは、撃ちてし止まんで、まったくリアリティーのない核武装を主張する。他方、いわゆるリベラル派は、「国際社会の信義に信頼する」という感じで、私に言わせれば逃げている。でも、世界には信義則にもとる国はいくらでもあるのだから、現実的に押さえないと自らが危険に晒《さら》されることになるわけです。人類は十二分に愚かであり、しかし十二分に知恵もある。私はそんな人間を信じたいと思います。

ところで、手嶋さんとお話ししていてあらためて感じたのですが、我々はいまの〝日本の軸〟から、変なズレ方をしていますね。お互い明言しているわけではありませんが、安全保障の議論に関しては、標準軸からは「右」方向。

手嶋　まあ、「右」と言っていいかどうかは分かりませんけれど、かなりズレているのは確かだと思います（笑）。

佐藤　一方、国際的な人権基準とか、報道の自由やそのあり方を語ると、明らかにリベラルだと思うのです。このズレは面白いですよね。

手嶋　僕自身は真っ当なスタンスと思っているのですが（笑）。お互いのそのズレの意味を大切にしつつ、激動の世紀である二十一世紀をどう生きぬくか、これからも機会を見つけて議論していきましょう。

あとがき

外交ジャーナリストで作家の手嶋龍一氏は、日本文学にインテリジェンス小説という新しい分野を創設した。二〇〇六年三月に手嶋氏は小説『ウルトラ・ダラー』（新潮社）を上梓した。同書は日本発のインテリジェンス小説であると思う。インテリジェンス小説とは、事実をそのまま描いたドキュメンタリー・ノンフィクションではない。また、実際の話に架空の人物を押し込んで、創作したノンフィクション・ノベルでもない。私はインテリジェンス小説を「公開情報や秘密情報を精査、分析して、近未来に起こるであろう出来事を描く小説」と定義している。『ウルトラ・ダラー』において、手嶋氏は、北朝鮮の偽ドル工作を暴くとともに日朝国交正常化をめぐる裏交渉で、記録が公電（外務省が公務で用いる電報）に残されていないのではないかという重要な問題提起を行った。さらに、ウクライナから北朝鮮に巡航ミサイルが密輸出されているというストーリーも盛り込んだ。

二〇一七年になって北朝鮮のＩＣＢＭ（大陸間弾道ミサイル）開発が国際社会にとって深刻な脅威をもたらしている。ＩＣＢＭのエンジンがウクライナから北朝鮮に流出したという見方がインテリジェンス関係者の間では強い。ウクライナ政府はその疑惑を否定している。しかし、ウクライナは中央政府が国土全域を実効支配できていない破綻国家だ。政府の知らないところで軍産複合体が北朝鮮に弾道ミサイルのエンジンを販売している可能性は十分あると思う。

本書には、主に二種のインテリジェンスが用いられている。

第一は、オシント（公開情報諜報）だ。新聞、テレビ、ラジオ、雑誌、政府の公文書、政府機関や研究機関のウェブサイトで誰もがアクセスできる情報源を用いたインテリジェンスだ。政治や経済の秘密情報は九五〜九八％オシントによって入手できるとインテリジェンス業界では言われているが、本書を最後まで読んだ読者にはそのことを納得していただけると自負している。

第二は、コリント（協力諜報）だ。最近はコレクティブ・インテリジェンスというと

AI（人工知能）の集合知の意味で用いられることが多いが、もともとは各国のインテリジェンスが、それぞれの得意分野の情報を持ち寄って協力することを意味した。その結果、ウイン―ウインの関係が生じる。手嶋氏は、アメリカ、西欧、中国という国際政治の中心となる場に通暁している。私は、主流から外れるロシア、中央アジア、東欧に強い。二人とも中東と朝鮮半島を常にウオッチしている。それだから、手嶋氏と私がコリントを行うと、国際社会を国際政治を立体的かつ重要的に分析することができる。

今回、我々二人の間で共通の関心事項となったのは、世界的規模で「独裁」という現象が流行していることだ。二〇一七年十月、中国共産党第一九回大会が行われた。習近平総書記（国家主席）は十月十八日の政治報告において二〇三五年までに「社会主義の現代化」を実現し、建国一〇〇周年を迎える二〇四九年頃には国際的な影響力を飛躍的に向上させた「社会主義現代化強国」を実現すると宣言した。習氏は、「トラもハエもキツネも叩く」という表現で反腐敗汚職闘争の強化を宣言した。党大会後、習氏への権力集中が一層進み、独裁制に近い状態が生じる可能性がある。

国際社会では、アメリカのトランプ大統領、ロシアのプーチン大統領、トルコのエルドアン大統領、イランのハメネイ最高指導者のような独裁者型の政治指導者が存在感を増している。とりあえず、独裁に対する善悪、好悪を括弧のなかに入れて、独裁的傾向を持つ政治指導者が国際社会で影響力を持つ内在的論理を解き明かさなくてはならない。それは国際社会が危機に直面していることと密接に関係している。そもそも意思決定に時間がかかる議会制民主主義は、危機対応とは相性の良くない制度だ。日本を含む先進諸国の民主主義は、民主的選挙によって形成された議会を重視する。そのためコンセンサスを得るための時間とエネルギーがかかる。特に武力行使を伴う問題について、議会でコンセンサスを得ることが不可能な場合がある。しかし、武力行使を含む危機対策は迅速に行われなければならない。「決められない政治」という状況下で、民主主義国においても行政権の優位によって危機を切り抜けようとする動きが起きる。このことを国民も容認する。現在の危機は構造的かつ長期的なので、このような状況で国家と国民の生き残りのためという形で徐々に独裁が忍び寄ってくる。その場合、独裁者は自分こそが民意を体現した真の民主主義者であると強調するだろう。

初期ナチスの理論形成に大きな影響を与えたカール・シュミットが指摘したように民主主義には独裁と相性の良いところがある。現在、衆議院議員の定数は四六五だ。定数を四六四に減らしても、特に大きな変化はない。それでは一〇〇人に減らしたらどうだろうか。民意によって代表が選出されるならばこれでも構わないはずだ。この操作を繰り返していくと、最後は一人が民意を代表できるということになる。民主主義原理から独裁を導くことは可能なのだ。朝鮮民主主義人民共和国（北朝鮮）も独裁型の民主主義国家ということになる。

それに対して、他者に危害を加えない限り、他人が行う愚かな行為を認めるという「愚行権」を中核に据えた自由主義は独裁と相容れない。「愚行権」というと聞こえがよくないならば、各人の幸福追求権と言い換えてもいい。幸福追求権の主体は国家や社会ではなく各人（個人）だ。北朝鮮やイスラム教スンナ派の過激派「イスラム国」（ＩＳ）など、いま、我々の目の前にある脅威を克服することが焦眉の課題であるが、その際に自由主義と民主主義の二つの原理をどう調和させるかをもっと真剣に考えなくてはならない。現下日本の状況においては自由主義原理を強調することが重要と考えている。それは、「決められない政治の克服」「リーダーシップの強化」などに異論を唱える人が少ないために、独裁が日本でも流行する危険があるからだ。自由社会を守るためには「愚行権」の尊重がこれから一層重要になると私は考える。

対談に応じてくださった手嶋龍一氏に深く感謝申し上げます。また、中央公論新社の中西恵子氏が編集の労をとってくださらなければ、本書が陽の目を見ることはありませんでした。どうもありがとうございます。

二〇一七年十一月十七日、帝国ホテル（東京都千代田区）ラウンジにて

佐藤　優

ラクレとは…la clef=フランス語で「鍵」の意味です。
情報が氾濫するいま、時代を読み解き指針を示す
「知識の鍵」を提供します。

中公新書ラクレ
607

独《どく》裁《さい》の宴《うたげ》

世《せ》界《かい》の歪《ゆが》みを読《よ》み解《と》く

2017年12月20日発行

著者……手嶋《てしま》 龍一《りゅういち》　佐藤《さとう》 優《まさる》

発行者……大橋善光
発行所……中央公論新社
〒100-8152 東京都千代田区大手町 1-7-1
電話……販売 03-5299-1730　編集 03-5299-1870
URL http://www.chuko.co.jp/

本文印刷……三晃印刷
カバー印刷……大熊整美堂
製本……小泉製本

Published by CHUOKORON-SHINSHA, INC.
Printed in Japan　ISBN978-4-12-150607-8　C1231

中公新書ラクレ　好評既刊

L540
フランス産エリートはなぜ凄いのか
橘木俊詔 著

なぜ哲学が重視されるのか？　原発大国を先導してきた理工系エリートの実力は？――ナポレオンがつくったポリテクニクや、フーコーやベルクソンらを輩出したエコール・ノルマルなど「世界最強のエリート養成機関」の実態に迫る。『21世紀の資本』のピケティや、カリスマ経営者ゴーンを生み出す秘密とは？　教育の経済学で多数の話題作があり、フランス滞在経験のある著者が検証。東大法学部を凌ぐ官僚養成校ENA学長の談話も収載。

L574
嫉妬と自己愛
――「負の感情」を制した者だけが生き残れる
佐藤　優 著

外務省時代に何度も見聞きした「男の嫉妬」。作家として付き合う編集者たちに感じる「自己愛の肥大」。自分自身をコントロールできない人は、学校や会社など実社会で大きな軋轢を起こし、周囲は多大な迷惑を被ることになる。このような〝困った人〟とはどう付き合えばいいのか。自分がそうならないためには何をすべきか。文学作品の中に描かれた嫉妬と自己愛を読み解き、専門家との対論を通じて、誰もが内に抱える「負の感情」の制御法を考察する。

L588
もう一つの戦略教科書『戦争論』
守屋　淳 著

歴史において多くの人を魅了してきた名著、『戦争論』。プロイセンの軍人、クラウゼヴィッツが記したその内容は各国に大きな影響を与え、現代においても輝きを保ち続けている。そこで内外の戦略書に精通する著者が、自著『わかる・使えるクラウゼヴィッツの戦略』をベースに、そのエッセンスを抽出。争いにおいて予想外の事態が起こる理由とは、「頭の良さ」が決断を迷わせる、戦わないのも策のうち……。混沌とした今こそ『戦争論』が必要だ！